Todo es

POSIBLE

con

DIOS

Pensamientos de inspiración
de trabajos publicados por

Max Lucado

PENIEL

BUENOS AIRES - MIAMI - SAN JOSÉ - SANTIAGO

www.peniel.com

EDITORIAL PENIEL
Boedo 25
Buenos Aires, C1206AAA
Argentina
Tel. 54-11 4981-6178 / 6034
e-mail: info@peniel.com
www.peniel.com

Diseño cubierta e interior:
ARTE PENIEL • arte@peniel.com

Publicado originalmente en inglés con el título:
Everyday Blessings
Copyright © 2004 by Max Lucado
Published by J. Countryman, a division of Thomas Nelson, Inc.
Nashville, Tennessee 37214
All rights reserved.
This licensed work published under license.

Lucado, Max
Todo es posible con Dios. - 1a ed. - Buenos Aires : Peniel, 2010.
    384 p. ; 15x10 cm.
    Traducido por: Nilda Sassaroli
    ISBN 10: 987-557-216-0
    ISBN 13: 978-987-557-216-4
    1. Libros de Devoción. I. Título
    CDD 242

ENERO

*Dios siempre apoya
lo que es justo.*

Dios es nuestro amparo y nuestra fortaleza, nuestra
ayuda segura en momentos de angustia.
SALMO 46:1

¿Ha sentido alguna vez que necesitaba huir? Jesús se sintió así (Marcos 1:35).

¿Ha tenido alguna vez tantas demandas que no pudo detenerse para almorzar? A Él le sucedió (Marcos 6:31).

¿Sus amigos lo decepcionaron alguna vez? Cuando Cristo necesitó ayuda, sus amigos se durmieron (Mateo 26:40).

Cuando usted se vuelve a Dios para que lo ayude, Él corre a ayudarlo. ¿Por qué? Porque sabe cómo se siente. Él ha estado allí... de modo que vaya a Él.

Los cielos cuentan la gloria de Dios.
SALMO 19:1

Si usted fuera la única persona en la Tierra, la Tierra sería exactamente la misma. Los Himalayas serían aún imponentes y el caribe encantador. El Sol se escondería detrás de las Rocosas a la tardecita, y derramaría luz sobre el desierto por la mañana. Si usted fuera el único peregrino sobre este globo, Dios no disminuiría su belleza un solo grado.

Porque todo lo hizo para usted.

En el día de mi angustia te invoco,
porque tú me respondes.
SALMO 86:7

Usted puede hablar con Dios porque Él lo escucha, su voz importa en el cielo. Dios lo toma a usted muy en serio. Cuando usted entra en su presencia, los sirvientes se vuelven para escuchar su voz. No necesita tener miedo de ser ignorado. Si inclusive tartamudea o tropieza, o si lo que tiene para decir no impresiona a nadie, impresiona a Dios, y Él lo escucha.

Den gracias al Señor, porque él es bueno;
su gran amor perdura para siempre.
SALMO 136:1

Si yo sé que uno de los privilegios de la paternidad es consolar al hijo, ¿por qué entonces soy tan renuente a permitir que el Padre celestial me consuele?

¿Por qué pienso que Él no querrá escuchar mis problemas? ("Son diminutos comparados con la gente que muere de hambre en la India"). ¿Por qué pensar que Dios está demasiado ocupado para atenderme?

Si nos amamos los unos a los otros, Dios
permanece entre nosotros, y entre nosotros
su amor se ha manifestado plenamente.
1 JUAN 4:12

Dios nos ama. Personalmente. Poderosamente. Apasionadamente. Otros lo han prometido y han fracasado. Pero Dios lo prometió y tuvo éxito. Él lo ama con amor infalible. Y su amor –si se lo permite– puede llenarlo y dejarlo con el amor que vale la pena dar.

Yo sé a quiénes he escogido.
JUAN 13:18

¿Elegiría a un asesino buscado por la policía para sacar de la esclavitud a una nación? ¿Llamaría a un fugitivo para cumplir con los Diez Mandamientos? Dios lo hizo... pronunció su nombre desde la zarza que ardía. ¡Intimidó al anciano Moisés para que saliera de sus zapatos!

La lección de ratificación es clara. Dios... usa personas para cambiar el mundo. *¡Personas!* No usa santos ni superhombres ni genios, sino personas.

Quien, siendo por naturaleza Dios, no consideró
el ser igual a Dios como algo a qué aferrarse.
FILIPENSES 2:6

¿**N**ecesita más paciencia? Beba de la paciencia de Dios (2 Pedro 3:9). ¿Es la generosidad una virtud huidiza? Considere entonces cuán generoso ha sido Dios con usted (Romanos 5:8). ¿Tiene problemas para aplicar la paciencia con parientes ingratos o vecinos chiflados? Dios tiene paciencia con usted cuando obra de la misma manera. *"Porque él es bondadoso con los ingratos y malvados"* (Lucas 6:35).

¿Podemos amar así?

Toda la plenitud de la divinidad habita
en forma corporal en Cristo.
COLOSENSES 2:9

Jesús no era un hombre divino, ni un Dios humano. Él era el Dios-hombre. Era el Hacedor del universo con ombligo...

¿Qué hacemos con tal persona? Aplaudimos a los hombres que hacen cosas buenas. Guardamos a Dios como si fuera una reliquia porque hace cosas grandes. ¿Pero cuándo hace el hombre las cosas de Dios?

Una cosa es cierta: no podemos ignorar a Dios. ¿Por qué querríamos hacerlo?

Pidan, y se les dará; busquen, y
encontrarán; llamen, y se les abrirá.
MATEO 7:7

Incontables copias de La Escritura quedan sin leer en las repisas de las bibliotecas y en las mesitas de noche, simplemente, porque la gente no sabe cómo leerla. ¿Qué podemos hacer para que La Biblia sea real en nuestra vida?

La respuesta más clara se encuentra en las palabras de Jesús: *"Pidan, y se les dará"*. El primer paso para la comprensión de La Biblia es pedirle ayuda a Dios.

Porque Cristo murió por los pecados una vez por todas, el
justo por los injustos, a fin de llevarlos a ustedes a Dios.
1 PEDRO 3:18

El camino de la justicia es angosto, es un sendero sinuoso en una colina empinada. En la cima de la colina está la cruz. En la base de la cruz están las bolsas. Incontables bolsas llenas de pecados innumerables. El Calvario es el montón de abono de la culpa. ¿Le gustaría dejar allí las suyas también?

Porque el Hijo del hombre vino a buscar
y a salvar lo que se había perdido.
LUCAS 19:10

Dios hará lo que sea —cualquier cosa— para llevar a sus hijos al hogar.

Es el pastor que busca su oveja, sus piernas están rasguñadas, sus pies inflamados y sus ojos ardientes. Dios escala los acantilados y atraviesa los campos. Explora las cuevas. Coloca sus manos alrededor de la boca y llama dentro del desfiladero.

Y el nombre que pronuncia es el suyo.

Acéptense mutuamente, así como Cristo los
aceptó a ustedes para gloria de Dios.
ROMANOS 15:7

La gracia hace tres declaraciones: tratar con mis pecados es responsabilidad de Dios. Yo me arrepiento, lo confieso, pero solo Dios puede perdonarme... y lo hace.

Tratar con mi vecino es responsabilidad de Dios.

Yo debo hablar; debo orar, pero solo Dios puede convencer... y lo hace.

Dios me ama y me hace su hijo. Dios ama a mi vecino y lo hace mi hermano.

Vendré para llevármelos conmigo.
JUAN 14:3

No sabemos cuándo Cristo vendrá a buscarnos. No sabemos cómo vendrá por nosotros. Y ni siquiera sabemos realmente por qué vendrá a buscarnos... La fe constituye la mayor parte de lo que poseemos. Fe en que Dios tiene un gran espacio y un lugar preparado y que, en el momento justo, regresará para que podamos estar donde Él está.

Dios hará lo que sea. A nosotros nos corresponde confiar.

Empéñense en seguir el amor.
1 CORINTIOS 14:1

Suéltese. ¿No tiene alguna persona para abrazar, rocas para saltar o labios para besar? Algún día se jubilará, ¿por qué no lo hace hoy?

No se jubile de su trabajo, jubílese solamente de su actitud. Honestamente, ¿alguna vez la queja ha hecho que el día fuera mejor? ¿Alguna vez la murmuración ha pagado las cuentas? ¿Alguna vez el temor al mañana ha cambiado el mañana?

Permita que alguien más dirija el mundo por un tiempo.

Lo que es imposible para los hombres es posible para Dios.
LUCAS 18:27

El joven gobernante rico pensó que el cielo estaba solo a un paso de distancia. Solamente eso tenía sentido.

Usted trabaja duro, paga sus deudas y su cuenta está acreditada como totalmente paga. Jesús dice: "De ninguna manera". Lo que desea cuesta mucho más de lo que usted puede pagar. Usted no necesita un sistema, necesita un Salvador. No necesita un resumen, necesita un Redentor. Porque *"lo que es imposible para los hombres es posible para Dios"*.

Ama a tu prójimo como a ti mismo.
GÁLATAS 5:14

Jesús pasó por grandes dolores para ser tan humano como el tipo de la calle. No necesitaba estudiar pero, asistió a la sinagoga. No tenía necesidad de dinero pero, trabajó en un taller... Y sobre sus hombros descansaba el desafío de redimir la creación; sin embargo, hizo tiempo para caminar unos ciento cuarenta kilómetros, desde Jericó a Canaán para asistir a una boda.

Como resultado, las personas lo amaban.

*Mi ardiente anhelo y esperanza (...) ya sea
que yo viva o muera, ahora como siempre,
Cristo será exaltado en mi cuerpo.*
FILIPENSES 1:20

Hubiese sido lindo si Dios nos permitiera ordenar la vida como ordenamos la comida. Yo tendría buena salud y un alto coeficiente intelectual. Pasaría por alto las habilidades musicales, pero tendría un metabolismo rápido... sería lindo. Pero no sucede. Cuando usted llegó a la vida en la Tierra, no le dieron voz ni voto.

Pero con respecto a la vida después de la muerte, se le ha dado voz y voto. La Biblia habla mucho de esto. ¿No está de acuerdo?

Dios, en el principio, creó los cielos y la tierra.
GÉNESIS 1:1

De todo lo que no sabemos sobre la creación, hay una cosa que sabemos: Dios la hizo con una sonrisa. Él debía tener un toque. Pintar las rayas de la cebra, colgar las estrellas en el cielo, poner el oro en la puesta de Sol. ¡Qué creatividad!

Como un carpintero que silba en su taller, amó cada pequeña pieza de la creación. Se derramó a sí mismo en la obra. Tanta dedicación puso en su creatividad, que apartó un día al finalizar la semana, únicamente para descansar.

El amor (...) no se deleita en la maldad
sino que se regocija con la verdad.
1 CORINTIOS 13:6

¿**N**o es buen saber que incluso cuando no amamos con amor perfecto, Dios sí? Él siempre alimenta lo justo. Siempre aplaude lo justo. Nunca hace lo malo, nunca dirige a una persona a hacer lo malo ni se regocija cuando alguien hace lo malo. Porque Dios es amor, y el amor "*no se deleita en la maldad sino que se regocija con la verdad*".

Y aunque mi vida fuera derramada sobre el
sacrificio y servicio que proceden de su fe...
FILIPENSES 2:17

Cuando enfrentamos luchas, nos preguntamos a menudo: ¿Por qué? Aunque, pasados los años, nos damos
cuenta que fueron esas luchas las que nos enseñaron algo
que no podíamos haber aprendido de otra manera, que
nuestro dolor tenía un propósito.

El propósito de Dios es más grande que su dolor y Él
tiene un propósito más grande que sus problemas.

¿Quién de ustedes, por mucho que se preocupe,
puede añadir una sola hora al curso de la vida?
MATEO 6:27

La ansiedad es un hábito caro. Por supuesto, el costo puede ser valioso si funcionase. Pero no funciona. Nuestra impaciencia es vana.

El temor nunca ha iluminado el día, solucionado un problema o curado una enfermedad.

Dios nos guía. Dios hará lo correcto en el tiempo correcto. ¡Y qué diferencia establece esto!

Al de carácter firme lo guardarás en
perfecta paz, porque en ti confía.
ISAÍAS 26:3

¿Ha imaginado a Dios? Si es así, entonces escuche...
Escuche cómo caen al suelo las piedras destinadas
al cuerpo de la mujer adúltera...

Escuche a la viuda de Naín cenar con su hijo que se
suponía muerto...

Dios hace las cosas más extrañas. Ensancha las sonrisas
donde solo había ceños fruncidos. Coloca destellos donde
había solo lágrimas.

Por lo tanto, no se angustien por el mañana,
el cual tendrá sus propios afanes.
MATEO 6:34

Dios libertó a sus hijos de la esclavitud y creó un camino a través del mar. Les dio una nube para seguirla de día y el fuego para ver durante la noche. Y les dio alimento...

Cada mañana caía el maná. Cada atardecer aparecía la codorniz. "Confíen en mí. Confíen en mí y les daré lo que necesitan". Al pueblo se le había dicho que tomara solo lo suficiente para un día. Sus necesidades serían suplidas, un día por vez.

*Reciban su herencia, el reino preparado para
ustedes desde la creación del mundo.*
MATEO 25:34

El problema con este mundo es que no es adecuado. Oh, lo es por ahora, pero no está hecho por un sastre. Fuimos creados para vivir con Dios, pero sobre la Tierra vivimos por fe. Fuimos creados para vivir para siempre, pero sobre la Tierra vivimos por un momento. Fuimos creados para vivir en santidad, pero este mundo fue manchado por el pecado.

Este mundo queda como una camisa prestada. El cielo luce como hecho por un sastre.

Y le daré también una piedrecita blanca en la que está
escrito un nombre nuevo que solo conoce el que lo recibe.
APOCALIPSIS 2:17

Puede ser que no lo sepa, pero Dios tiene un nombre nuevo para usted. Cuando llegue al hogar, no lo llamará Roberto o Alicia o Juan o Gerardo. El nombre que siempre oyó no será usado por Él. Cuando Dios dice que hará nuevas todas las cosas, significa eso. Usted tendrá un nuevo hogar, un nuevo cuerpo, una nueva vida... y lo adivinó: un nuevo nombre.

Justo es el Señor, y ama la justicia.
SALMO 11:7

No vemos a Jesús resolver muchas disputas o negociar conflictos. Pero sí lo vemos cultivar la armonía interior a través de las obras de amor: lavando los pies de los hombres que sabía lo traicionarían... honrando a la mujer pecadora a quien la sociedad había despreciado.

Al sanar las heridas, Él construye puentes.

¡Tan grande es Dios que no lo conocemos!
JOB 36:26

Podemos averiguar el momento en que la primera ola daba palmadas en la ribera o que la primera estrella brilló en el cielo, pero nunca hallaremos el primer momento cuando Dios fue Dios, porque no existe el momento en que Dios no fuera Dios. Él nunca *no ha sido*, porque es eterno. Dios no está atado al tiempo.

Pero cuando venga el Espíritu de la verdad,
él los guiará a toda la verdad.
JUAN 16:13

Visualice a un padre que ayuda a su hijo a aprender a andar en bicicleta y tendrá una imagen parcial del Espíritu Santo. El padre permanece al lado de su hijo. Empuja la bicicleta y si el niño comienza a tambalear, lo sostiene. El Espíritu hace lo mismo con nosotros; Él guía nuestro caminar y fortalece nuestros pasos cuando son demasiado largos. No obstante, a diferencia del padre terrenal, nunca nos abandona. Está con nosotros hasta el fin de las edades.

En esto consiste el amor: no en que nosotros
hayamos amado a Dios, sino en que él nos amó
y envió a su Hijo para que fuera ofrecido como
sacrificio por el perdón de nuestros pecados.
1 JUAN 4:10

¿Nos ama Dios por nuestra bondad? ¿Por nuestra amabilidad? ¿Por nuestra gran fe? No, Él nos ama debido a su bondad, amabilidad y gran fe. Juan lo dice así: *"En esto consiste el amor: no en que nosotros hayamos amado a Dios, sino en que él nos amó"*.

Toda dádiva y todo don perfecto descienden de lo alto.
SANTIAGO 1:17

El predicador itinerante de Nazaret puede hacer algo por la herida que está en su corazón. Puede ser que usted trate de reconstruir una relación extraña... puede ser que haya tratado de encontrar a Dios por más tiempo del que recuerda. Había algo en este predicador nazareno que hizo que las personas se agruparan a su alrededor como si fuera un regalo de Dios para la humanidad. Él es también su regalo.

Y les aseguro que estaré con ustedes
siempre, hasta el fin del mundo.
MATEO 28:20

La tormenta en el mar de Galilea era semejante a la panzada de un luchador de sumo en una piscina para niños. El valle del norte actuaba como túnel del viento, comprimiendo y envolviendo las ráfagas en el lago. Eran comunes las olas de unos tres metros de altura...

Pero desde el centro de la tormenta el inquebrantable Jesús gritó: "*Yo soy*". Intrépido contra las olas. En el campo de batalla, en la sala de conferencias, en la celda de una prisión o en la sala de una maternidad... donde esté su tormenta, "*Yo soy*".

FEBRERO

Cuando usted se hiere
Dios se hiere con usted.

Lo que nace del cuerpo es cuerpo; lo que
nace del Espíritu es espíritu.
JUAN 3:6

¡La vida espiritual proviene del Espíritu! Sus padres pueden haberle dado sus genes, pero Dios le da su gracia. Sus padres pueden ser responsables de su cuerpo, pero Dios se ha hecho cargo de su alma. Usted puede poseer la apariencia de su madre, pero posee la eternidad por su Padre, su Padre celestial.

No me escogieron ustedes a mí, sino
que yo los escogí a ustedes.
JUAN 15:16

Si alguna vez se preguntara cómo puede usarlo Dios para marcar una diferencia en el mundo, simplemente mire a los que ya han sido usados, y anímese. Mire el perdón hallado en sus brazos abiertos, y anímese.

Y, de paso, esos brazos nunca estuvieron tan abiertos como sobre la cruz romana. Un brazo extendido hacia la historia del pasado, y el otro alcanzando el futuro. El abrazo de perdón ofrecido para cualquiera que llegara.

El reino de los cielos es como un tesoro
escondido en un campo.
MATEO 13:44

Cuando haga una lista de los lugares en los cuales Cristo vivió, dibuje un círculo alrededor de una ciudad llamada Nazaret, un punto en el mapa... al borde del aburrimiento. Durante treinta de sus treinta y tres años, Jesús llevó una vida común.

Y la ciudad puede haber sido común, pero la atención que Él ponía en ella no era común... Él vio que la semilla sobre el camino no echaba raíces (Lucas 8:5) y que una semilla de mostaza producía un gran árbol (Mateo 13:31-32). Jesús escuchaba su vida común.

¿Está usted escuchando la suya?

¡Grande es su amor por nosotros! ¡La
fidelidad del Señor es eterna!
SALMO 117:2

El amor de Dios por usted no depende de cómo mira, piensa, actúa, o de cuán perfecto es. Su amor es absolutamente no negociable y no retornable.

Nuestro Dios es un Dios fiel.

¿Está afligido alguno entre ustedes? Que ore.
SANTIAGO 5:13

¿Le ha llevado a Dios sus desilusiones? Las ha contado a su vecino, a sus familiares, a sus amigos. Pero ¿se las ha llevado a Dios?

Antes de ir a algún otro lugar con su desilusión, vaya a Dios.

¡Si alguno tiene sed, que venga a mí y beba!
JUAN 7:37

Dios es un Dios que abre la puerta y saluda con su mano, y señala a los peregrinos la mesa llena.

Sin embargo, su invitación no es solo para una comida. Es para toda la vida. Una invitación a entrar en su reino y a sentar residencia en un mundo sin lágrimas, sin sepulcro, y sin dolor. ¿Quién puede llegar? Quien lo desee. La invitación es universal y personal al mismo tiempo.

—Señor, ¿cuántas veces tengo que perdonar a mi
hermano que peca contra mí? ¿Hasta siete veces?
MATEO 18:21

L a ley judía establecía que el herido perdonara tres veces. Pedro estaba dispuesto a duplicarlas y agregó una vez más para tener buena medida. Sin duda pensaba que Jesús quedaría impresionado. Pero Jesús no estuvo impresionado. La respuesta del Maestro nos deja todavía pasmados. "¡Siete! Escaso. Intenta setenta veces siete" (v. 22, El mensaje).

Si está vacilando para multiplicar setenta veces siete, no captó la idea. Jesús dice: Si tiene en cuenta su misericordia, no es misericordioso.

No se angustien. Confíen en Dios,
y confíen también en mí.
JUAN 14:1

No se angustie por el regreso de Cristo. No esté ansioso por las cosas que no pueda comprender. Los temas como el milenio y el anticristo están destinados a desafiarnos y a esforzarnos, pero no están destinados a abrumarnos y, seguramente tampoco a dividirnos. Para los cristianos, el regreso de Cristo no es un enigma a resolver ni un código a quebrar, sino más bien un día para ser esperado.

Jesús quiere que confiemos en Él.

Porque tuyo es el reino, y el poder, y
la gloria, por todos los siglos.
MATEO 6:13, RVR

"*Tuyo es el reino, y el poder, y la gloria, por todos los siglos*".
¡Qué protección proporciona esta frase! Cuando confiesa que Dios está a cargo, admite que usted no lo está. Cuando proclama que Dios tiene poder, admite que usted no lo tiene. Y cuando le da a Dios todo el aplauso, no deja nada que perturbe su cerebro.

Dichosos los que lloran, porque serán consolados.
MATEO 5:4

Llorar por los pecados es un desborde natural de la pobreza de espíritu. Muchos saben que están equivocados, no obstante, pretenden ser justos. Como resultado, nunca saborean la exquisita tristeza del arrepentimiento.

De todos los senderos hacia el gozo, este debe ser el más extraño. La verdadera bienaventuranza, dijo Jesús, comienza con la tristeza profunda.

Vivan en armonía los unos con los otros;
compartan penas y alegrías, practiquen el amor
fraternal, sean compasivos y humildes.
1 PEDRO 3:8

L lamaron a Jesús blasfemo, pero nunca lo llamaron jactancioso. Lo acusaron de hereje, pero nunca de arrogante. Fue marcado a fuego como radical, pero nunca como inaccesible.

No se insinúa que alguna vez usara su estatus celestial para ganancia personal. Ninguna vez. No tiene usted la impresión de que sus vecinos se enfermaron dado su orgullo y preguntaron: "Bueno, ¿qué piensa que a usted lo hace Dios?"

Su fe lo hizo agradable.

Y éste será mi pacto con ellos cuando perdone sus pecados.
ROMANOS 11:27

Dios hace algo más que perdonar nuestros pecados, ¡los quita! Nosotros simplemente se los llevamos a Él.

Él no quiere solo los errores que hayamos cometido. Quiero los que estamos cometiendo. ¿Está cometiendo algunos?

Si no lo está, no pretenda que nada está mal... Vaya primero a Dios. El primer paso después de tambalear debe ser en dirección a la cruz.

Dios (...) que muchas veces y de varias maneras
habló a nuestros antepasados en otras épocas
por medio de los profetas, en estos días finales
nos ha hablado por medio de su Hijo.
HEBREOS 1:1-2

Dios, motivado por el amor y dirigido por la divinidad, nos sorprendió a todos. Se hizo hombre. En un misterio intocable, se disfrazó como carpintero y vivió en un pueblo polvoriento de Judea. Decidió probar su amor por su creación, caminó de incógnito por el mundo.

Sus manos callosas tocaron a los heridos y sus palabras compasivas tocaron los corazones. Se hizo uno de nosotros.

El amor (...) todo lo disculpa, todo lo cree,
todo lo espera, todo lo soporta.
1 CORINTIOS 13: 4-7

El apóstol busca la cinta para colocar alrededor de uno de los pasajes más dulces de La Escritura. Visualizo el rostro curtido del santo al hacer una pausa en el dictado... examina sus dedos, revisa su lista. "Veamos: paciencia, bondad, envidia, arrogancia. Mencionamos la rudeza, el orgullo y la ira, el perdón, el mal y la verdad. ¿He cubierto todo? Ah, así es, todas las cosas".

Aquí escriba esto: "*el amor (...) todo lo disculpa, todo lo cree, todo lo espera, todo lo soporta*".

*Cuando te llamé, me respondiste; me infundiste
ánimo y renovaste mis fuerzas.*
SALMO 138:3

¿Dónde está Dios cuando estamos heridos? ¿Dónde está cuando el sueño no llega? ¿Dónde está cuando nos despertamos en la cama de un hospital con el dolor que no mengua? ¡Él está justo allí! Se colgó en la cruz para probar de una vez y para siempre, con las manos horadadas y el rostro manchado con sangre, que está allí, que Él no ha hecho la herida, pero ha venido a quitarla.

Cuando usted se hiere, Dios se hiere con usted.

Dios es más grande que nuestro corazón y lo sabe todo.
1 JUAN 3:20

Usted y yo somos gobernados. El clima determina qué usamos. El terreno nos dice cómo viajar...

Dios –nuestro Pastor– no examina el clima, Él lo hizo. No desafía la ley de gravedad, Él la creó.

Dios es lo que es. Lo que siempre ha sido. Dios es Jehová, un Dios que no cambia, un Dios sin causalidad y un Dios no gobernado.

El mortal (...) ilusorias son las riquezas que
amontona, pues no sabe quién se quedará con ellas.
SALMO 39:6

Necesitamos un día en el cual el trabajo llegue a crujir como para detenerlo. Necesitamos un período de veinticuatro horas para que las ruedas dejen de rodar y el motor deje de funcionar. Necesitamos parar...

Disminuya la marcha. Si Dios se lo ordenó, lo necesita. Si Jesús lo planeó, lo necesita... Aparte un día para decir no al trabajo y sí a la adoración.

El Hijo da vida.
JUAN 5:21

La Biblia es la historia de dos huertos: el Edén y el Getsemaní. En el primero Adán cayó. En el segundo Jesús se paró. En el primero Dios buscó a Adán. En el segundo Jesús buscó a Dios. En el Edén Adán se escondió de Dios. En el Getsemaní Jesús se levantó de la tumba. En Edén Satanás guió a Adán a un árbol que lo condujo a la muerte. Desde el Getsemaní, Jesús fue a un árbol que lo condujo a nuestra vida.

—El muchacho y yo seguiremos adelante para adorar
a Dios, y luego regresaremos junto a ustedes.
GÉNESIS 22:5

Abraham estaba por sacrificar a su único hijo, ¿y qué palabra usó para describir el acto?: "adorar". Fue dirigido a la montaña para colocar la mayor parte de su vida sobre el altar, y lo llamó adorar.

Cuando pensamos en la adoración pensamos típicamente en ofrecer una canción, o una oración o un regalo. Pero cuando Abraham adoró, ofreció a su hijo. Ofreció la mayor parte de su vida a Dios.

Los ciegos ven, los cojos andan, los que tienen
lepra son sanados, los sordos oyen.
MATEO 11:5

Nadie estaba más apartado de su cultura que los ciegos, los cojos, los leprosos y los sordos. No tenían lugar. No tenían nombre. No tenían valor. Un cáncer doloroso de la cultura. Exceso de equipaje al lado del camino.

Pero a los que la gente llama basura, Jesús los llama tesoros.

Jesús tomó entonces los panes, dio gracias y distribuyó
a los que estaban sentados todo lo que quisieron.
JUAN 6:11

Cuando los discípulos no oraban, Jesús oró. Cuando los discípulos no veían a Dios, Jesús lo buscó. Cuando los discípulos eran débiles, Jesús fue fuerte. Cuando los discípulos no tenían fe, Jesús tuvo fe. Él agradeció a Dios...

Dios es fiel incluso cuando sus hijos no lo son.

Eso es lo que a Dios lo hace Dios.

El fruto del Espíritu es amor, alegría, paz,
paciencia, amabilidad, bondad, fidelidad,
humildad y dominio propio.
GÁLATAS 5:22

El amor es el fruto. ¿El fruto de quién? ¿De su ardua labor? ¿De su profunda fe? ¿O de su rigurosa determinación? No. El amor es el fruto del Espíritu de Dios. *"El fruto del Espíritu es amor".*

Dios envió a su Hijo (...) a fin de que
fuéramos adoptados como hijos.
GÁLATAS 4:4-5

Nosotros... éramos huérfanos.
Estábamos solos.

Sin nombre. Sin futuro. Sin esperanza.

Si no fuese por nuestra adopción como hijos de Dios,
no tendríamos lugar de pertenencia. A veces lo olvidamos.

Concentren su atención en las cosas de
arriba, no en las de la tierra.
COLOSENSES 3:2

Cuando Cristo domina sus pensamientos, lo cambia de un nivel de gloria a otro hasta que usted está listo para vivir con Él.

El cielo es la tierra de las mentes sin pecado... de la confianza absoluta. Sin ningún temor o ira... el cielo será maravilloso, no porque las calles sean de oro, sino porque nuestros pensamientos serán puros.

No sabemos qué pedir, pero el Espíritu
mismo intercede por nosotros.
ROMANOS 8:26

Usted sabe que realmente no sabemos qué pedir, ¿no es verdad? ¿Qué si Dios hubiese contestado todas las oraciones que usted hizo? Piense, simplemente, con quién se hubiese casado. Piense, simplemente, dónde hubiese vivido. Piense, simplemente, qué hubiese hecho.

Dios nos ama tanto que a veces nos da lo que necesitamos y no lo que pedimos.

Todos sabrán que son mis discípulos,
si se aman los unos a los otros.
JUAN 13:35

Deténgase y piense en ese versículo por un minuto.
¿Puede ser esa unidad la clave para alcanzar el mundo
para Cristo?

De paso, en ninguna parte se nos dice que *construya-
mos* la unidad. Se nos dice, simplemente, que *mantengamos*
la unidad. Desde la perspectiva de Dios hay solo *"un rebaño
y un pastor"* (Juan 10:16). La unidad no necesita ser creada,
necesita simplemente ser protegida.

Y el Verbo se hizo carne y habitó entre nosotros.
JUAN 1:14

Jesús era palpable, tratable, accesible. Fue la clase de compañero que usted invitaría a mirar un video en su casa. Que jugaría a la lucha con sus niños sobre el piso, dormiría en su cama y cocinaría bifes en su parrilla. Se reiría de sus chistes y le contaría algunos de los propios. Y cuando usted hablara, lo escucharía como si tuviese todo el tiempo de la eternidad.

Y una cosa es segura: usted lo invitaría a que regresara.

Hagan brillar la luz delante de todos, para que
ellos puedan ver las buenas obras de ustedes
y alaben al Padre que está en el cielo.
MATEO 5:16

¿**N**otó que con las cinco primeras letras de la palabra *cortés* se lee *corte*? En la antigua Inglaterra, ser cortés era actuar como en la corte. Se esperaba que la familia y los siervos del rey siguieran un estándar más alto.

Así nosotros. ¿No somos llamados a representar al Rey? Entonces *"hagan brillar la luz delante de todos, para que ellos puedan ver las buenas obras de ustedes y alaben al Padre que está en el cielo"*.

MARZO

*Los corazones amables
son silenciosamente
amables.*

Porque con un solo sacrificio ha hecho perfectos
para siempre a los que está santificando.
HEBREOS 10:14

Subraye la palabra *perfectos*. Note que la palabra no es ser *mejor*. No es *mejorar*. No es *subir de nivel*. Dios no mejora, perfecciona. No refuerza, completa...

Cuando Él nos mira, ve a alguien que ha sido hecho perfecto por medio de Aquel que es perfecto, Jesucristo.

*Me espera la corona de justicia (...) y no
solo a mí, sino también a todos los que con
amor hayan esperado su venida.*
2 TIMOTEO 4:8

Entendemos que en la economía de la Tierra hay un número limitado de coronas.

Sin embargo, la economía del cielo es totalmente diferente. Las recompensas celestiales no se limitan a algunos elegidos, sino *"a todos los que con amor hayan esperado su venida"*. Las cinco letras de la palabra *todos* son una gema. El círculo de los ganadores no está reservado para un puñado de alguna elite, sino a la totalidad de los hijos de Dios.

La ley del Espíritu de vida me ha liberado
de la ley del pecado y de la muerte.
ROMANOS 8:2

La cruz hizo lo que no podían hacer los corderos que se sacrificaban. No borró nuestros pecados por un año, sino por la eternidad. La cruz hizo lo que el hombre no podía hacer. Nos garantiza el derecho de hablar con Dios, de amarlo, e inclusive de vivir con Él.

Usted no puede hacerlo por sus propios medios. No me interesa a cuántos servicios de adoración asiste o las buenas obras que hace, su bondad es insuficiente... Es por eso que necesitamos un Salvador.

El que comenzó tan buena obra en ustedes la irá
perfeccionando hasta el día de Cristo Jesús.
FILIPENSES 1:6

Guardar las reglas de la religión puede minar la vitalidad de su fuerza. Es interminable. Siempre hay otra clase a la cual asistir, un sábado para obedecer, un Ramadán para observar. Ninguna prisión es tan interminable como la prisión de la perfección. Sus reclusos encuentran trabajo, pero nunca hallan paz. ¿Cómo pueden hallarla? Nunca saben cuándo han finalizado.

Cristo cumplió la ley por usted. Dígale adiós a la carga de la religión. Dios se compromete a ayudar a aquellos que dejan de intentar ayudarse a sí mismos.

La sangre servirá para señalar las casas
(...) pues al verla pasaré de largo.
ÉXODO 12:13

L a sangre en los dinteles de las puertas nos recuerda que no era Moisés el que libertaba a los hebreos. Era Dios. La sangre en los dinteles nos recuerda la sangre que manchó otro poste.

La sangre de otro cordero. El Cordero de Dios.

Porque a causa de su sangre nosotros también somos libres.

El Señor es Dios; él nos hizo, y somos suyos.
Somos su pueblo, ovejas de su prado.
SALMO 100:3

Las ovejas no son las únicas que necesitan un toque sanador. Nosotros también nos irritamos con otros, nos corneamos y luego quedamos lastimados. Muchas de nuestras desilusiones en la vida comienzan como irritaciones. Gran parte de nuestros problemas no son los ataques clasificados como ataques de león, sino más bien el enjambre de frustraciones, desgracias y tristezas día a día.

Yo seré un padre para ustedes, y ustedes serán mis
hijos y mis hijas, dice el Señor Todopoderoso.
2 CORINTIOS 6:18

Dios hizo lo que nosotros no nos atreveríamos a soñar. Hizo lo que no podíamos imaginar. Se hizo hombre para que pudiéramos confiar en Él. Se sacrificó para que pudiéramos conocerlo. Y venció la muerte para que pudiéramos seguirlo.

Solo el Creador que sobrepasa la barrera de la lógica pudo ofrecer tal regalo de amor.

*Ya no hay condenación para los que
están unidos a Cristo Jesús.*
ROMANOS 8:1

No hay un punto donde usted pueda ser menos salvo de lo que fue en el primer momento que Cristo lo salvó. Porque simplemente gruñó en el desayuno no significa que fue condenado en el desayuno. Cuando ayer perdió el control, no perdió su salvación. Su nombre no desaparece y vuelve a aparecer en el libro de la vida de acuerdo a sus estados de ánimo y a sus acciones.

Usted es salvo, no por lo que hace sino por lo que Cristo hizo por usted.

Y no supieron nada de lo que sucedería hasta
que llegó el diluvio y se los llevó a todos. Así
será la venida del Hijo del hombre.
MATEO 24:39

Noé fue enviado a salvar a los fieles. Cristo fue enviado a hacer lo mismo. Un torrente de agua descendió entonces. Un torrente de fuego llegó después. Noé construyó un lugar seguro con madera. Jesús construyó un lugar seguro con la cruz. Aquellos que creyeron se escondieron en el arca. Aquellos que creen están escondidos en Cristo.

Entonces Gedeón construyó allí un altar al
Señor (...) y lo llamó "el Señor es la paz".
JUECES 6:24

"T-t-tú m-m-mejor consigue algún otro". Tartamudeamos nosotros. Pero Dios nos recuerda que Él sabe que no podemos pero Él puede, y que para probarlo nos hizo un maravilloso regalo. Él nos da un espíritu de paz. Paz ante la tormenta. Paz más allá de toda lógica... Se la dio a David después de mostrarle a Goliat; se la dio a Saulo después de mostrarle el Evangelio, se la dio a Jesús después de mostrarle la cruz.

Encamíname en tu verdad, ¡enséñame!
Tú eres mi Dios y Salvador.
SALMO 25:5

"**N**o es justo", decimos. No es justo que haya nacido pobre, o que cante tan mal o que corra tan despacio. Pero las escalas de la vida fueron volcadas para siempre del lado de la imparcialidad cuando Dios plantó el árbol en el Jardín del Edén. Todas las quejas fueron acalladas cuando a Adán y a sus descendientes se les dio libre albedrío, la libertad de hacer cualquier elección eterna que deseemos. Cualquier injusticia en esta vida es desplazada por el honor de elegir nuestro destino en la siguiente.

Nadie tiene amor más grande que el
dar la vida por sus amigos.
JUAN 15:13

Juan me gusta más que todos por la forma que amó a Jesús. Su relación con Jesús fue... simple. Para Juan, Jesús era un buen amigo con un buen corazón y una buena idea.

Uno tiene la impresión de que para Juan Jesús estaba por encima de todo compañero leal. ¿Mesías? Sí. ¿Hijo de Dios? Ciertamente. ¿Hacedor de milagros? Eso también. Pero más que nada... Jesús fue un amigo.

Porque por gracia ustedes han sido salvados
mediante la fe; esto no procede de ustedes,
sino que es el regalo de Dios.
EFESIOS 2:8

Nosotros nos escondemos; Él busca. Nosotros traemos pecado; Él trae un sacrificio. Nosotros probamos las hojas de higuera; Él trajo la túnica de justicia. Y se nos ha dejado cantar la canción del profeta: "*Él me vistió con ropas de salvación y me cubrió con el manto de la justicia. Soy semejante a un novio que luce su diadema, o a una novia adornada con sus joyas*" (Isaías 61:10).

Dios nos ha vestido. Nos protege con una capa de amor.

Ya no habrá muerte, ni llanto, ni lamento ni dolor,
porque las primeras cosas han dejado de existir.
APOCALIPSIS 21:4

Pueblo, si está esperando que le den una sacudida justa en su vida, ¡olvídese! No se la darán. Enfrentará la enfermedad. Y su cuerpo se desgastará. Puede ser víctima del error de otra persona. Pero podrá atravesar esos momentos duros si prepara su corazón ahora, si vive para conocer y servir al Salvador que lo ama y murió para que usted pudiera tener un hogar eterno, libre de dolor y tristeza.

Descansó el séptimo día.
ÉXODO 20:11

Lea lo que hizo Jesús el último sábado de su vida. Comience con el Evangelio de Mateo. ¿No encontró nada? Intente con Marcos... ¿No hay nada allí tampoco? Extraño. ¿Qué pasa con Lucas?... ¿Ninguna palabra al respecto? Bueno, trate con Juan. Seguramente Juan mencionó el sábado. ¿No es así? ¿Ninguna referencia? Hmmmm. Observe qué tranquilo estuvo Jesús ese día...

"¿Quiere usted decir que quedándole una semana de vida, Jesús observó el sábado?" Hasta donde podemos contar, sí.

Oh Señor, por siempre cantaré la grandeza de tu amor.
SALMO 89:1

El amor de Dios no es humano. Su amor no es normal. Su amor ve su pecado y todavía lo ama. ¿Aprueba Él su error? No. ¿Necesita usted arrepentirse? Sí. ¿Pero se arrepiente por el bien de Dios o por el suyo? Por el suyo. Su ego no necesita apología. Su amor no necesita que lo sostengan.

Y Él no pudo amarlo más de lo que lo hace ahora mismo.

Y pido que, arraigados y cimentados en amor, puedan
comprender, junto con todos los santos, cuán ancho
y largo, alto y profundo es el amor de Cristo.
EFESIOS 3:18

Desde su cuna en Belén hasta la cruz en Jerusalén, hemos ponderado el amor de nuestro Padre. ¿Qué puede decir de esa clase de emoción? Al aprender que Dios prefirió morir antes que vivir sin usted, ¿cómo reacciona? ¿Cómo puede comenzar a explicar tal pasión?

*¿De qué sirve a uno alegar que tiene fe, si no
tiene obras? ¿Acaso podrá salvarlo esa fe?*
SANTIAGO 2:14

El mensaje de Santiago es desnudado de golpe, su estilo es desmenuzado. Hablar es barato, argumenta. El servicio es invalorable.

Las obras no salvan a un cristiano, las obras marcan al cristiano. En la lógica del libro de Santiago, solo cobra sentido que nosotros, habiendo recibido mucho, debemos dar mucho. No solo con palabras. Sino con nuestra vida.

Cuando siento miedo, pongo en ti mi confianza.
SALMO 56:3

¿Cómo soportó Jesús el terror de la crucifixión? Primero fue a su Padre con sus temores.

Haga lo mismo con los suyos. No rechace la vida del jardín de Getsemaní. Entre en él. No entre solo. Y mientras esté allí, sea honesto. Está permitido golpear la tierra. Están permitidas las lágrimas...

Y sea específico... Él sabe lo que usted necesita.

Pero a quien poco se le perdona, poco ama.
LUCAS 7:47

Creer que somos total y eternamente libres de deudas rara vez es fácil. Incluso si nos hubiéramos parado delante del trono y lo hubiéramos escuchado del mismo rey, todavía dudaríamos. Como resultado, a muchos se le perdona poco, no porque la gracia del rey sea limitada, sino porque la fe del pecador es pequeña.

Dios está dispuesto a perdonar todo, a dejar la pizarra completamente limpia. Nos guía a una pileta de natación de misericordia y nos invita a bañarnos. Algunos se sumergen, pero otros simplemente tocan la superficie.

Él derramó su vida hasta la muerte.
ISAÍAS 53:12

La escena es muy simple, la reconocerá pronto. Un bosquecillo de olivos retorcidos. La tierra desordenada con rocas grandes. Una cerca de piedras baja. Una noche negra, negra...

¿Ve esa figura solitaria tendida sobre el piso? El rostro manchado con suciedad y lágrimas. Los puños golpean la tierra dura...

Ese es Jesús... Dios nunca fue más humano que en esa hora. Dios nunca estuvo más cerca de nosotros que cuando fue herido.

*Éste fue entregado según el determinado
propósito y el previo conocimiento de Dios.*
HECHOS 2:23

Jesús planeó su propio sacrificio. Plantó intencionalmente el árbol del cual su cruz sería tallada. Voluntariamente colocó en el corazón de la tierra el mineral de hierro del cual sus clavos serían fundidos...

Cristo fue el único que puso en movimiento la maquinaria política que enviaría a Pilatos a Jerusalén...

No tenía que hacerlo... pero lo hizo.

Siempre que tengamos la oportunidad,
hagamos bien a todos.
GÁLATAS 6:10

Los corazones amables son silenciosamente amables. Permiten que el automóvil corte el tránsito y cruce la joven mamá con tres niños. Recogen el tacho de basura del vecino que rueda por la calle. Y son especialmente amables en la iglesia.

Comprenden que quizás la persona más necesitada que encontrará durante la semana es la que está parada en el hall de entrada o sentada en la fila de atrás durante la adoración.

El buen pastor da su vida por las ovejas.
JUAN 10:11

Dios está en la cruz. El Creador del universo es ejecutado.

La saliva y la sangre se aglutinan en sus mejillas, y sus labios están rasgados e hinchados. Las espinas rasgan su cuero cabelludo. Sus pulmones gritan de dolor. Sus piernas anudadas con calambres... Y no hay nadie que lo salve, porque Él mismo se sacrifica.

No son las seis de la tarde normales... ni es un viernes normal.

Porque por medio de él fueron creadas todas las
cosas en el cielo y en la tierra, visibles e invisibles,
sean tronos, poderes, principados o autoridades.
COLOSENSES 1:16

¡Qué lista fenomenal! Cielos y Tierra. Visibles e invisibles. Tronos, poderes, principados o autoridades. No se omite ninguna cosa, lugar ni persona. La escama sobre el erizo de mar. El pelo sobre el cuero del elefante. El huracán que arruina la costa, la lluvia que alimenta el desierto, el primer latido del corazón del niño, el suspiro final de una persona anciana... todo puede ser rastreado hasta llegar a la mano de Cristo, el primogénito de la creación.

El Señor no rechazará a su pueblo; no
dejará a su herencia en el abandono.
SALMO 94:14

Cuando algún otro lo rechaza, Cristo lo acepta. Cuando algún otro lo abandona, Cristo lo halla. Cuando ningún otro lo quiere, Cristo lo reclama. Cuando ningún otro le dedica un día, Jesús le dará palabras de eternidad...

¿Cuál es la obra de Dios? Aceptar a las personas... cuidarlas antes que condenarlas.

Desde el mediodía y hasta la media tarde
toda la tierra quedó en oscuridad.
MATEO 27:45

Por supuesto el cielo está oscuro, el pueblo mataba al que es la Luz del Mundo...

El cielo lloraba. Y el cordero balaba. ¿Recuerda el momento del grito? *"Cerca de las tres de la tarde, Jesús gritó"*. Las tres de la tarde, la hora del sacrificio del templo. A menos de un kilómetro y medio al este, un sacerdote finamente vestido conduce a un cordero a la matanza, sin ser consciente que su labor es vana. El cielo no miraba al cordero del hombre sino al *"Cordero de Dios, que quita el pecado del mundo"* (Juan 1:29).

El único Dios, nuestro Salvador, que puede
guardarlos para que no caigan.
JUDAS 24

¿Dios puede realmente guardarlo de caída? Para responder eso, vaya a un... árbol en un monte yermo. Un árbol más antiguo que el tiempo. Un árbol que cubre el error de su pasado y los problemas de su futuro. Esté seguro: el árbol nunca caerá.

—Padre —dijo Jesús— perdónalos,
porque no saben lo que hacen.
LUCAS 23:34

Cómo Jesús, con un cuerpo arruinado por el dolor, los ojos enceguecidos por su propia sangre y los pulmones clamando por aire, pudo hablar a favor de algunos matones despiadados, está más allá de nuestra comprensión. Nunca, nunca he visto tal amor. Si alguna vez una persona merecía disparar venganza, era Jesús. Pero no lo hizo. En su lugar murió por ellos, ¿cómo pudo hacerlo? No lo sé.

Pero sé que de repente mis heridas parecían muy sin dolor. Mis rencores y sentimientos duros fueron repentinamente infantiles.

Porque Cristo es nuestra paz (...) derribando mediante
su sacrificio el muro de enemistad que nos separaba.
EFESIOS 2:14

Nosotros somos culpables, Él es inocente.
Nosotros somos sucios, Él es puro.

Nosotros nos equivocamos, Él es justo.

Él no está en la cruz por sus pecados; está allí por los nuestros.

Éste, en cambio, no ha hecho nada malo.
LUCAS 23:41

Finalmente alguien defiende a Jesús. Pedro huyó. Los otros discípulos se escondieron. Los judíos lo acusaron. Pilatos se lavó las manos. Mucho pudieron haber hablado a favor de Jesús, pero nadie lo hizo... hasta ahora.

Palabras amables de los labios de un ladrón que hizo su pedido: *"Jesús, acuérdate de mí cuando vengas a tu reino"* (Lucas 23:42).

El Salvador vuelve su pesada cabeza hacia el hijo pródigo y promete: *"Hoy estarás conmigo en el paraíso"* (Lucas 23:43).

ABRIL

Dios nunca abandona.

Les he dicho esto para que tengan mi
alegría y así su alegría sea completa.
JUAN 15:11

Piense en la alegría de Dios. ¿Qué puede nublarla? ¿Qué puede apagarla? ¿Está Dios de mal humor alguna vez porque el tiempo es malo? ¿Se irrita Dios por las largas colas o por el atascamiento del tránsito? ¿Se ha negado Dios alguna vez a hacer rotar la Tierra porque hirieron sus sentimientos?

No. La suya es una alegría que las consecuencias no pueden apagar. La suya es una paz que las circunstancias no pueden robar.

Su aspecto no era atractivo y nada en
su apariencia lo hacía deseable.
ISAÍAS 53:2

¿Mata su sonrisa? ¿Roba la respiración su contextura física? No. Las cabezas no giraron cuando Jesús pasó. Sí en algo se parecía a sus pares: tenía un amplio rostro de campesino, piel verde oliva oscura, cabello corto ondulado y una nariz prominente. Tenía una altura de poco más de un metro y medio, y pesaba entre sesenta y setenta kilos. Apenas digno de una tapa de una revista de segundo orden.

¿Son sus miradas mediocres y sus normas simples? Así eran las de Jesús. Él estuvo allí.

En el hogar de mi Padre hay muchas viviendas; si
no fuera así, ya se lo habría dicho a ustedes.
JUAN 14:2

"*¡Es consumado!*", gritó.

Y el gran Creador fue a su casa.

Y no está descansando. Él dijo que sus manos incansables están preparando una ciudad tan gloriosa que incluso los ángeles se emocionan por verla.

Considere lo que Él ha hecho hasta ahora; esa es la creación que planeo ver.

Así que si el Hijo los libera, serán
ustedes verdaderamente libres.
JUAN 8:36

Intentar construir el cielo por nuestra propia bondad, es como tratar de alcanzar la Luna sobre un rayo de luna, una buena idea... pero inténtelo y vea lo que sucede.

Escuche. Deje de tratar de apagar su culpa. Usted no puede hacerlo. No hay forma. Ni con una botella de whisky ni con la asistencia perfecta a la Escuela Dominical. Lo siento. No me importa cuán mal esté. No puede sentirse lo suficientemente mal como para olvidar su culpa. Y no me importa cuán bueno sea. No puede ser lo suficientemente bueno para vencerla. Necesita un Salvador.

El fruto del Espíritu es amor, alegría, paz, paciencia.
GÁLATAS 5:22

¿Le ha pedido a Dios que le dé algún fruto? Bueno yo lo hice una vez...

¿Pero qué? ¿Se ha impacientado? Pídale otra vez, otra vez, otra vez. Él no se impacientará con su ruego, y recibirá paciencia como fruto por su oración.

Y mientras usted ora, pida entendimiento. *"El que es paciente muestra gran discernimiento"* (Proverbios 14:29). ¿Puede ser que su impaciencia provenga de la falta de comprensión? La mía sí.

Tenemos plena libertad para entrar en
el Lugar Santísimo, (...) a través de la
cortina (...) a través de su cuerpo.
HEBREOS 10:19-20

Para los lectores originales, esas últimas palabras eran explosivas: "la cortina, el cuerpo de Cristo". De acuerdo al escritor, la cortina equivale a Jesús. De allí en adelante, cualquier cosa que le pasara a la carne de Jesús le pasaba a la cortina. ¿Qué le sucedió a la carne? Fue lacerada. Lacerada por los latigazos, lacerada por las espinas. Lacerada por el peso de la cruz y el agujero de los clavos.

Pero en el horror de su carne lacerada encontramos el esplendor de la puerta abierta... somos bienvenidos para entrar a la presencia de Dios, cualquier día, a cualquier hora.

Quien no nazca del agua y del Espíritu,
no puede entrar en el reino de Dios.
JUAN 3:5

Cuando usted cree en Cristo, Él obra un milagro en usted. *"Cuando oyeron el mensaje de la verdad, el evangelio que les trajo la salvación y lo creyeron, fueron marcados con el sello que es el Espíritu Santo prometido"* (Efesios 1:13).

Usted es purificado y llenado de poder por Dios mismo en forma permanente. El mensaje de Jesús a la persona religiosa es simple: no es lo que tú haces. Es lo que Yo hago. Yo he venido.

Y a su tiempo podrá decir como Pablo: *"Ya no vivo yo sino que Cristo vive en mí"* (Gálatas 2:20).

*Ni lo alto ni lo profundo, ni cosa alguna en toda la
creación, podrá apartarnos del amor que Dios nos
ha manifestado en Cristo Jesús nuestro Señor.*

ROMANOS 8:39

No importa lo que usted haga, no importa cuán lejos
haya caído, no importa cuán feo se haya vuelto.

Dios tiene un amor inexorable, inmortal, insondable, inextinguible, del cual usted no puede ser separado. ¡Nunca!

Verdaderamente este hombre era justo.
LUCAS 23:47

Todo lo que hizo el centurión romano fue ver a Jesús sufrir. Nunca escuchó su predicación, ni lo vio sanar ni lo siguió a través de las multitudes. Nunca fue testigo de verle calmar el viento, solo fue testigo de la forma en que murió. Pero era todo lo que necesitaba para hacer que este soldado gastado por el tiempo diera un gigantesco paso de fe. "*Verdaderamente este hombre era justo*".

Cualquiera puede predicar un sermón sobre un monte rodeado de margaritas. Pero solo uno con sus entrañas llenas de fe puede *vivir* el sermón sobre el monte del dolor.

¿Acaso Dios no hará justicia a sus escogidos, que claman
a él día y noche? ¿Se tardará mucho en responderles?
LUCAS 18:7

Cuando venimos a Dios hacemos pedidos, no hacemos demandas. Venimos con grandes esperanzas y un corazón humilde. Establecemos lo que queremos, pero oramos por lo que es justo. Y si Dios nos da la prisión de Roma en lugar de la misión a España, la aceptamos porque sabemos que "Dios siempre hará justicia a sus escogidos".

Vamos a Él. Nos inclinamos delante de Él, y confiamos en Él.

Pero el que se mantenga firme hasta el fin será salvo.
MATEO 24:13

Se dice que una persona que tiene la habilidad de persistir y no abandonar, tiene *garra*. *Garra* significa tener *agallas*. ¡Qué imágenes! Una persona con *agallas* tiene garras, cava en la ladera del acantilado para evitar caerse.

Así hace el salvado. Se acercan al borde, pueden incluso tambalear y deslizarse. Pero clavan sus uñas en la roca de Dios y persisten.

No está aquí, pues ha resucitado.
MATEO 28:6

La crucifixión estuvo marcada por las tinieblas repentinas, el silencio de los ángeles y la burla de los soldados. Ante la tumba vacía los soldados guardaron silencio, un ángel habló y la luz erosionó como el Vesubio. El que estuvo muerto se dice que está vivo, y los soldados, que están vivos, parece que estuvieran muertos. Las mujeres pueden decir que algo se ha levantado... el ángel les informa: *"No está aquí, pues ha resucitado"*.

El cielo desconectó la cuerda del poder de la tumba, y usted y yo no tenemos nada que temer. La muerte está inhabilitada.

El que comenzó tan buena obra en ustedes la irá
perfeccionando hasta el día de Cristo Jesús.
FILIPENSES 1:6

No solo somos ignorantes con respecto al ayer, somos ignorantes con respecto al mañana. ¿Osamos juzgar un libro mientras los capítulos están todavía sin escribir? ¿Cómo puede desecharse un alma hasta que la obra de Dios no esté completa?

¡Tenga cuidado! El Pedro que niega a Jesús en el fuego de la noche, puede proclamarlo con fuego en el Pentecostés del mañana... Un pastor tartamudo en esta generación puede ser el poderoso Moisés de la próxima.

En el hogar de mi Padre hay muchas viviendas.
JUAN 14:2

Jesús va de corazón en corazón, preguntando si puede entrar...

Periódicamente, Él es bienvenido. Alguien tira abajo la puerta de su corazón y lo invita a quedarse. Y a esa persona Jesús le hace esta gran promesa: "*En el hogar de mi Padre hay muchas viviendas*".

"Tengo amplio espacio para ti", dice... y nos hace lugar en su casa.

Cristo murió por nuestros pecados.
1 CORINTIOS 15:3

La cruz...
La mía, ¡qué pedazo de madera! La historia la ha idolatrado y la ha despreciado, la enchapó en oro y la quemó, la usó y la tiró a la basura. La historia ha hecho de todo, pero la ignora.

Y esa es la única opción que la cruz no ofrece.

¡Nadie puede ignorarla!

*En amor nos predestinó para ser adoptados
como hijos suyos por medio de Jesucristo,
según el buen propósito de su voluntad.*
EFESIOS 1:5

Y usted pensaba que Dios lo había adoptado porque era elegante. Pensó que Él necesitaba su dinero o su sabiduría.

Lo siento. Dios lo adoptó simplemente porque lo quiso. Fue su placer y buena voluntad.

Conociendo perfectamente el problema que usted representaba y el precio que pagaría, puso su firma, cambió su nombre y lo llevó a casa. El *Abba* lo adoptó y se convirtió en su Padre.

—Pero vayan a decirles a los discípulos y a
Pedro: "Él va delante de ustedes a Galilea".
MARCOS 16:7

Explicaría estas palabras así: "*No está aquí (...) pero vayan a decirles a sus discípulos*", una pausa, luego una sonrisa, "*y* [especialmente] *a Pedro: Él va delante de ustedes a Galilea*".

Es como si todo el cielo hubiese mirado a Pedro caer... y es como si todo el cielo quisiera ayudarlo a regresar nuevamente. No me extraña que lo llamaran "el evangelio de la segunda oportunidad".

En cuanto Moisés agarró la serpiente ésta se
convirtió en una vara en sus propias manos.
ÉXODO 4:4

No bien la mano de Moisés tocó la piel con escamas retorcidas de la serpiente, esta se endureció. Y Moisés levantó la vara... la misma vara que levantaría para dividir las aguas y guiar a dos millones de personas por el desierto. La vara que le recordaba que si Dios podía hacer que una varita se convirtiera en serpiente, y luego fuera una varita nuevamente, entonces quizás podía hacer algo con un pueblo de corazón obstinado y cabeza dura.

Quizás Él pueda hacer algo con lo cotidiano.

Yo, por mi parte, mediante la ley he muerto a la ley, a
fin de vivir para Dios. He sido crucificado con Cristo.
GÁLATAS 2:19-20

Por cada astuto Caifás había un osado Nicodemo. Por cada cínico Herodes había un indagador Pilatos... Por cada renegado Judas había un fiel Juan. Había algo respecto a la cruz que hacía que cada testigo avanzara o se apartara de la crucifixión...

Dos mil años más tarde, lo mismo es verdad... Podemos hacer lo que queremos con la cruz. Podemos examinar su historia. Podemos estudiar su teología... No obstante, lo que no podemos hacer es apartarnos en forma neutral.

Alabado sea el Dios y Padre de nuestro Señor Jesucristo
(...)Padre misericordioso y Dios de toda consolación.
2 CORINTIOS 1:3

Aliente a aquellos que tienen luchas. ¿No sabe qué decir? Entonces abra su Biblia...

Al golpeado por la pena, Dios le ha dicho: "*Nunca te dejaré; jamás te abandonaré*" (Hebreos 13:5).

Y al que siente culpa: "*No hay ninguna condenación para los que están unidos a Cristo Jesús*" (Romanos 8:1).

—Mientras no vea yo la marca de los clavos en sus
manos, y meta mi dedo en las marcas y mi mano
en su costado, no lo creeré —repuso Tomás.
JUAN 20:25

Jesús le dio a Tomás exactamente lo que este pidió. Extendió sus manos una vez más. Y Tomás fue sorprendido. Tomás hizo una doble adquisición, palideció y gritó: *¡Señor mío y Dios mío!* (Juan 20:28).

Jesús debe haber sonreído. Sabía que tenía un ganador en Tomás... La leyenda lo tiene saltando a un carguero para la India donde tuvieron que matarlo para que dejara de hablar de... de su amigo que volvió de la muerte.

Yo soy el buen pastor; conozco a mis
ovejas (...) y ellas me conocen a mí.
JUAN 10:14

Usted tiene un Dios que lo escucha, el poder del amor lo sigue, el Espíritu Santo está dentro de usted, y todo el cielo está delante suyo. Si tiene al Pastor, tiene gracia para cada pecado, dirección para cada curva, una luz para cada esquina y un ancla para cada tormenta. Tiene todo lo que necesita.

¿O no sabéis que todos los que hemos sido bautizados
en Cristo Jesús, hemos sido bautizados en su muerte?
ROMANOS 6:3, RVR

Le debemos a Dios una vida perfecta. Obediencia perfecta a cada mandamiento. No solo al mandamiento del bautismo, sino a los mandamientos de humildad, honestidad, integridad. No podemos librarnos.

Pero Cristo puede librarnos, y lo hizo. Su zambullida en el Jordán es figura de su zambullida en nuestros pecados. Su bautismo anuncia: "Permíteme pagar".

Nuestro bautismo responde: "Tú me invitas, yo acepto". Él se ofreció públicamente. Nosotros aceptamos públicamente.

*Por eso es necesario que prestemos más atención a
lo que hemos oído, no sea que perdamos el rumbo.*
HEBREOS 2:1

La estabilidad en la tormenta no proviene de buscar un nuevo mensaje, sino de comprender el antiguo. Los puntos más confiables del ancla no se deben a descubrimientos recientes, sino a verdades aprobadas que se han sostenido en el fondo contra los vientos de cambio. Verdades como: mi vida no es vana, mis errores no son fatales, mi muerte no es el final.

Él da gracia a los humildes.
SANTÍAGO 4:6

El cielo puede tener un lugar sagrado para honrar el uso extraordinario que hace Dios de lo común.

Es un lugar que no querrá perderse. Pasee y observe la cuerda de Rahab, el vaso de alabastro de María, la honda de David y el maxilar de Sansón. Coloque su mano alrededor de la vara que partió el mar y golpeó la roca. Olfatee el ungüento que alivió la piel de Jesús y levantó su corazón...

No sé si estas cosas estarán allá. Pero estoy seguro de una cosa: las personas que las usaron, estarán.

Fue a la montaña para orar.
MARCOS 6:46

¿Qué hace Jesús mientras estamos en la tormenta? Esto le gustará: ora por nosotros.

Entonces, ¿dónde nos deja esto? Mientras Jesús ora y nosotros estamos en la tormenta, ¿qué debemos hacer? Es simple. Hacemos lo que hicieron los discípulos: remamos...

La mayor parte de la vida la pasamos remando... saliendo de la cama, preparando almuerzos... luchando más que apuntalando.

Pero cuando venga el Espíritu Santo
sobre ustedes, recibirán poder.
HECHOS 1:8

¿Recuerda el temor de los seguidores de Jesús ante la crucifixión? Corrieron. Asustados como gatos ante una jauría.

Pero pronto pasaron cuarenta días... Pedro predicó en el mismo recinto donde Cristo fue arrestado... Fueron tan valientes después de la resurrección, como fueron de cobardes antes de ella.

¿La explicación? El Cristo resucitado y su Espíritu Santo. El coraje de esos hombres y mujeres fue forjado en el fuego de la tumba vacía.

Él es la imagen del Dios invisible, el
primogénito de toda creación.
COLOSENSES 1:15

¿Toda? Encuentre una explicación. La suegra de Pedro tenía fiebre, Jesús eliminó la fiebre. Se necesitaba pagar los impuestos, Jesús los pagó: envió primero un anzuelo a la boca de un pez y luego una moneda. Cuando cinco mil estómagos crujieron, Jesús convirtió la cesta de un muchacho en una merienda sin fondo. Jesús exudaba autoridad.

Él mueve una pestaña y la naturaleza salta. Nadie argumentó cuando al final de su vida terrenal, el Dios-hombre declaró: *"Se me ha dado toda autoridad en el cielo y en la tierra"* (Mateo 28:18).

Dios fortalece mi corazón.
SALMO 73:26

Dios está a su favor. Vuélvase a las líneas laterales: allí está Dios alentando su carrera. Mire adelante hacia la línea de llegada: allí está Dios aplaudiendo sus pasos. Escúchelo a Él en las gradas: grita su nombre.

¿Demasiado cansado para continuar? Él lo llevará ¿Demasiado desalentado para pelear? Él lo levantará. Dios está *a su favor.*

> *¡Aleluya! Ya ha comenzado a reinar el Señor,*
> *nuestro Dios Todopoderoso. ¡Alegrémonos*
> *y regocijémonos y démosle gloria!*
> APOCALIPSIS 19:6-7

En el libro de Apocalipsis nosotros, los soldados, hemos sido privilegiados con el vislumbre del campo de batalla final. Todo el infierno rompe sus ataduras cuando el cielo entero avanza. Los dos entran en conflicto en la última batalla entre el bien y el mal. El Hijo de Dios está parado a la izquierda entre el humo y el trueno. Jesús, nacido en un pesebre, ahora triunfa sobre Satanás.

Y nosotros, los soldados, estamos seguros de la victoria. Marchemos.

MAYO

Fuimos hechos para
vivir con Dios.

Porque él hiere, pero venda la herida;
golpea, pero trae alivio.
JOB 5:18

Oh, las manos de Jesús. Manos de la encarnación en su nacimiento. Manos de liberación cuando sanaban. Manos de inspiración cuando enseñaban. Manos de dedicación cuando servían. Y manos de salvación cuando murió...

La misma mano que limpió el templo limpia su corazón. La mano es la mano de Dios.

El mandato del Señor es digno de
confianza; da sabiduría al sencillo.
SALMO 19:7

«*E*l mandato del Señor», escribió David, «*da sabiduría al sencillo*».

El mandato del Señor. ¿Cuando fue la última vez que testificó? Un paseo por el césped al nivel de las rodillas en un prado verde. Una hora escuchando las gaviotas o... testificando de los rayos de la luz del sol brillando sobre la nieve al amanecer de un invierno crujiente. Los milagros... suceden a nuestro alrededor, solo tenemos que prestar atención.

Todo lo considero pérdida por razón del incomparable
valor de conocer a Cristo Jesús, mi Señor.
FILIPENSES 3:8

Jesús fue la persona más significativa que vivió alguna vez. ¿La cabeza del desfile? Escasamente. Ningún otro comparte la calle. ¿Quién está cerca? Lo mejor y lo más brillante de la humanidad se marchita como rubíes de diez centavos al lado de Él...

Solamente el Dios Jesús podía hacernos, pero no comprendernos. Solamente el hombre Jesús podía amarnos pero nunca salvarnos. ¿Pero el Dios hombre Jesús? Se acercó lo suficiente para tocarnos. Fue tan fuerte como para confiar.

*Este pobre clamó, y el Señor le oyó y lo
libró de todas sus angustias.*
SALMO 34:6

Corra hacia Jesús. Jesús quiere que vaya a Él. Quiere ser la persona más importante en su vida, el amor más grande que puede conocer. Quiere que lo ame tanto que no haya lugar en su corazón y en su vida para el pecado. Invítelo a establecer residencia en su corazón.

Si somos infieles, él sigue siendo fiel, ya
que no puede negarse a sí mismo.
2 TIMOTEO 2:13

Nuestros estados de ánimo pueden cambiar, pero Dios no cambia. Nuestra mente puede cambiar, pero Dios no. Nuestra devoción puede vacilar, pero Dios nunca vacila. Aún si fuéramos infieles, Él permanece fiel, porque no puede negarse a sí mismo. Él es un Dios seguro.

El Señor mismo descenderá del cielo con voz de mando.
1 TESALONICENSES 4:16

¿Se ha preguntado alguna vez qué será esa voz de mando? Será la palabra inaugural del cielo.

Puedo muy bien equivocarme, pero pienso que la orden que pone fin a esos dolores de la Tierra e inicia las alegrías del cielo, serán dos palabras: "No más".

No más soledad. No más lágrimas. No más muerte. No más tristeza. No más llanto. No más dolor.

—Te aseguro que hoy estarás conmigo en el paraíso.
Lucas 23:43

Un criminal condenado fue enviado a la muerte por su país. En sus momentos finales, pidió misericordia. Si hubiese pedido misericordia a las personas, le hubiese sido negada. Si se la hubiese pedido al gobierno, le hubiese sido negada... pero no fue a ellos, se volvió hacia la gracia. En su lugar, se volvió a la silueta ensangrentada de Aquel que colgaba de una cruz al lado de la suya y suplicó: *"Jesús, acuérdate de mí cuando vengas a tu reino"*. Y Jesús le contestó diciendo: *"Te aseguro que hoy estarás conmigo en el paraíso"*.

Pero el día del Señor vendrá como un ladrón.
2 PEDRO 3:10

Pablo dice: "*Pero si esperamos lo que todavía no tenemos, en la espera mostramos nuestra constancia*" (Romanos 8:25).

Pedro nos dice: "*¿no deberían vivir ustedes como Dios manda, siguiendo una conducta intachable y esperando ansiosamente la venida del día de Dios?*" (2 Pedro 3:11-12).

La esperanza en el futuro no es una licencia para la irresponsabilidad en el presente. Esperemos por anticipado, pero esperemos.

Dios, en el principio creó...
GÉNESIS 1:1

Una mano poderosa comenzó a trabajar...
De la nada vino la luz. De la luz vino el día...

Las gigantescas gargantas –cañones– fueron esculpidas. Los océanos fueron dragados. Las montañas hicieron erupción en las llanuras. Las estrellas fueron lanzadas. El universo brilló.

La mano detrás del universo era poderosa.

Él es poderoso.

De modo que David se quitó todo aquello [la armadura],
tomó su bastón, fue al río a escoger cinco piedras lisas.
1 SAMUEL 17:39-40

El rey trató de darle a David algún equipamiento. "¿Qué quieres niño? ¿Escudo? ¿Espada?..."

David tenía algo más en la mente. Cinco piedras lisas y una honda común, de cuero.

Los soldados abrieron la boca. Saúl suspiró. Goliat se burló. David giró su brazo. Y Dios hizo su parte. "Cualquiera que subestima lo que Dios puede hacer con lo ordinario tiene rocas en su cabeza".

¿Adónde podría huir de tu presencia? Si subiere
al cielo, allí estás tú; si tendiera mi lecho en
el fondo del abismo, también estás allí.
SALMO 139:7-8

Nuestra pregunta: "¿Dónde está Dios?", es como la de un pez que pregunta: "¿Dónde está el agua?" o la de un pájaro que pregunta: "¿Dónde está el aire?" ¡Dios está en todas partes! Está igualmente presente en Pekín y en Tasmania. Tan activo en la vida de los de Islandia como en la vida de los texanos.

No podemos encontrar un lugar donde Dios no esté.

Dedícate a la evangelización.
2 TIMOTEO 4:5

Por cada héroe en el foco, hay docenas en las sombras. No consiguen prensa. No atraen multitudes. ¡Ni siquiera escriben libros!

Detrás de la ladera de la roca está el canto dorado. Y un avivamiento puede comenzar con un sermón...

Charles H. Spurgeon de mañana podría cortar su césped. Y el héroe que lo inspiró podría estar más cerca de lo que usted piensa. Podría estar en su espejo.

Pero el que se mantenga firme hasta el fin será salvo.
MATEO 10:22

¿Está desalentado como padre? Persista en ello. ¿Es pesimista con respecto a su trabajo? Arremánguese e inténtelo otra vez. ¿No hay comunicación en su matrimonio? Pruebe una vez más...

Las Tierra Prometida, dijo Jesús, espera a los que resisten. No es para aquellos que hacen que la victoria se repliegue o beben champagne. No señor. La Tierra Prometida es para los que simplemente permanecen hasta el final.

Que el Señor los lleve a amar como Dios ama,
y a perseverar como Cristo perseveró.
2 TESALONICENSES 3:5

La mayoría no siempre tiene razón. Si la mayoría hubiese gobernado, Israel nunca hubiese dejado Egipto. Hubiesen votado permanecer en esclavitud. Si la mayoría hubiese gobernado, David nunca hubiese peleado con Goliat. Sus hermanos hubiesen votado que estuviese con las ovejas. ¿Cuál es el tema? Usted debe escuchar su propio corazón.

Dios dice que usted está en camino a ser un discípulo cuando mantiene la cabeza clara y el corazón puro.

Con sabiduría se construye la casa, con
inteligencia se echan los cimientos.
PROVERBIOS 24:3

¿Cree usted en sus niños? Entonces demuéstrelo. Demuéstrelo en sus juegos. Demuéstrelo en sus obras. Demuéstrelo en sus recitales. Puede que no sea posible hacerlo con cada uno, pero seguramente el esfuerzo vale la pena...

¿Cree usted en sus amigos? Entonces demuéstrelo. Demuéstrelo en su graduación y en su casamiento. Pase tiempo con ellos. ¿Quiere sacar lo mejor de alguien? Entonces demuéstrelo.

Pero gran ganancia es la piedad
acompañada de contentamiento.
1 TIMOTEO 6:6

Cuando rendimos a Dios el saco embarazoso del descontento, no abandonamos simplemente algo, ganamos algo. Dios lo reemplaza por una carga ligera, un traje a medida, una valija de gratitud resistente a la tristeza.

¿Qué ganará con el contentamiento? Puede ganar su matrimonio. Puede ganar preciosas horas con sus hijos. Puede ganar alegría.

Tu mayor placer es amar. Vuelve a
compadecerte de nosotros.
MIQUEAS 7:18-19

Cuando José fue arrojado a un pozo por sus propios hermanos, Dios no lo abandonó.

Cuando Moisés dijo: "Heme aquí, envía a Aarón", Dios
no lo abandonó...

Cuando Pedro lo adoró en la cena y lo maldijo junto al
fuego, Jesús no lo abandonó.

Dios nunca abandona.

Les aseguro que si tienen fe... será hecho.
MATEO 21:21, RVR

Dios siempre se regocija cuando nos atrevemos a soñar. De hecho, somos mucho más como Dios cuando soñamos... Él escribió un libro sobre hacer posible lo imposible...

Los pastores de ochenta años usualmente no juegan a ver quien es más valiente con los faraones... pero no se lo diga a Moisés.

Los pastores adolescentes normalmente no se enfrentan con gigantes... pero no se lo diga a David... Y seguro, no se lo diga a Dios.

*Cuando terminó de lavarles los pies, se
puso el manto y volvió a su lugar.*
JUAN 13:12

Por favor tome nota, Jesús *terminó* de lavarles los pies. Eso significa que no dejó ninguno afuera... Jesús lavó los pies de Judas. Lavó los pies de su traidor. Le prestó la misma atención a ese traidor. En solo algunas horas los pies de Judas guiarían a la guardia romana a Jesús. Pero en ese momento eran acariciados por Jesús...

No quiere decir que fuera fácil... quiere decir que Dios nunca nos llama a hacer lo que Él no haya hecho ya.

Su fe y esperanza están puestas en Dios.
1 PEDRO 1:21

Nunca será completamente feliz sobre la Tierra, simplemente porque usted no fue hecho para la Tierra. Sí tendrá sus momentos de alegría. Tendrá vislumbres de la luz. Conocerá momentos e incluso días de paz. Pero ellos simplemente no se comparan con la felicidad que tenemos por delante.

Pero los desposeídos heredarán la tierra
y disfrutarán de gran bienestar.
SALMO 37:11

Los desposeídos son aquellos que están dispuestos a ser usados por Dios. Asombrados porque Dios los salvara, están igualmente asombrados de que Dios los use. Son una clase de clarinete de la escuela secundaria que toca en la más destacada orquesta. No le dicen al maestro cómo dirigir, solo están conmovidos por ser parte del concierto.

"¡Gracias a Dios por medio de Jesucristo nuestro Señor!"
ROMANOS 7:25

Cambiarse las ropas no cambia al hombre. La disciplina externa no altera lo que está adentro. Los nuevos hábitos no hacen nueva el alma. Quiere decir que el cambio externo no es suficiente. Si alguien quiere ver el reino de Dios, debe nacer otra vez...

El primer nacimiento es para la vida terrenal, el segundo es para la vida eterna.

Su vida está escondida con Cristo en Dios.
COLOSENSES 3:3

« *Su vida está escondida con Cristo en Dios*". El idioma chino tiene un gran símbolo para esta verdad.

La palabra *justicia* es una combinación de dos imágenes. En la cima hay un cordero. Debajo el cordero es una persona. El cordero cubre a la persona. ¿No es esa la esencia de la justicia? ¿El Cordero de Dios, Cristo, sobre el ser humano que por fe se convierte en hijo de Dios?

Cuando el Padre lo mira a usted aquí abajo... Ve a Jesús, el Cordero de Dios perfecto, que lo esconde.

Esta justicia de Dios llega, mediante la fe en Jesucristo.
ROMANOS 3:22

Incluso si usted ha caído, incluso si ha fallado, incluso si los demás lo rechazaron, Cristo no lo rechazará. Él viene primero y principalmente para aquellos que no tienen esperanza. Llega a los que nadie más se llegarían y dice: "Te daré la eternidad".

"Sígueme", [Jesús] le dijo. Mateo se levantó y lo siguió.
MATEO 9:9

Usted debe preguntarse qué vio Jesús en Mateo...
Lo que fuera, debe haber sido algo. Mateo oyó el llamado y nunca retrocedió. Pasó el resto de su vida convenciendo a su pueblo de que el carpintero era el Rey. Jesús hizo el llamado y nunca lo retiró. Y pasó el resto de su vida muriendo por la gente como Mateo, convenciéndonos a muchos que si tenía un lugar para Mateo, también debía tener un lugar para nosotros.

Para hallar la gracia que nos ayude en el
momento que más la necesitamos.
HEBREOS 4:16

Dios no le dejará ver la escena distante... de modo que usted pueda también dejar de buscarlo. Él promete una lámpara para nuestros pies, no una bola de cristal sobre el futuro.

No necesitamos saber qué sucederá mañana. Solo necesitamos saber que Él nos guía y "hallaremos la gracia que nos ayuda en el momento que más la necesitamos".

Doy mi vida por las ovejas.
JUAN 10:15

Las cuerdas que usaron para atar las manos de nuestro Señor, y las que usaron los soldados para guiarlo a la cruz, eran innecesarias. Eran accidentales. Si no hubiesen estado allí, si no hubiese habido un juicio, si no hubiese estado Pilatos ni la multitud, hubiera tenido lugar la misma crucifixión. Si Jesús no hubiese sido forzado a clavarse en la cruz, igual lo hubiese hecho.

Porque no fueron los soldados los que lo mataron, no fueron los gritos de la turba: fue su devoción por nosotros.

Si Dios está de nuestra parte, ¿quién
puede estar en contra nuestra?
ROMANOS 8:31

Dios está de su parte. Sus padres pueden haberlo olvidado, sus maestros pueden haberlo ignorado, sus hijos pueden haberse avergonzado de usted, pero al alcance de sus oraciones está el Hacedor de los océanos. ¡Dios!

Dios está de su parte. No "puede estar", no "ha estado", no "estuvo", no "estará", sino que ¡Dios "está" de su parte!

Habrá un solo rebaño y un solo pastor.
JUAN 10:16

Dios solo tiene un rebaño. De alguna manera perdimos eso. La división religiosa no es su idea... Dios tiene un solo rebaño. El rebaño tiene un solo pastor. Y aunque pensemos que hay muchos, estamos equivocados. Hay solo uno.

La Biblia nunca nos dice que creemos la unidad... Pablo nos exhorta a preservar *"la unidad del Espíritu"* (Efesios 4:3). Nuestra tarea no es inventar la unidad, sino reconocerla.

Todo lo puedo en Cristo que me fortalece.
FILIPENSES 4:13

Relájese. Usted tiene un amigo en los lugares altos. ¿Le tiene miedo a los frascos de conservas con tapas ajustadas el hijo de Arnold Schwarsenegger? ¿Suda el hijo del fundador de la marca Nike por un cordón de zapatillas que se rompió?

No. Tampoco debe hacerlo usted. El Comandante en Jefe conoce su nombre. Él caminó por sus calles.

Ya que Dios nos ha amado así, también nosotros
debemos amarnos los unos a los otros.
1 JUAN 4:11

Jesús se humilló a sí mismo. Él dio órdenes a los ángeles, pero llegó a dormir sobre unas pajas. De sostener las estrellas a tomarse de los dedos de María. La palma de la mano que sostenía el universo tomó el clavo de un soldado.

¿Por qué? Porque eso es lo que hace el amor. Pone a los amados antes que él mismo.

JUNIO

Dios abunda en amor.

Porque para Dios no hay nada imposible.
LUCAS 1:37

En su mundo de presupuestos, planes de largo alcance y computadoras, ¿no hallamos que es difícil confiar en lo increíble? ¿La mayoría de nosotros no tiende a escudriñar la vida detrás de cejas fruncidas y a dar pasos cautelosos? Es difícil imaginarnos que Dios pueda sorprendernos. Dejar algún lugar para los milagros hoy, bueno, no es un pensamiento sano...

Olvidamos que lo "imposible" es una de las palabras favoritas de Dios.

Pero gran ganancia es la piedad
acompañada de contentamiento.
1 TIMOTEO 6:6, RVR

En nuestro mundo, el contentamiento es un vendedor callejero extraño, que va lentamente de casa en casa ofreciendo sus mercancías: una hora de paz, una sonrisa de aceptación, una mirada de alivio...

Cuando le pregunté por qué tan pocos le dan la bienvenida, su respuesta me condenó: "Cobro un alto precio, usted sabe... les pido a las personas intercambiar sus agendas, sus frustraciones y ansiedades. Usted pensará que tengo más compradores, pero la gente parece extrañamente orgullosa de sus úlceras y dolores de cabeza".

Vigilen y oren para que no caigan en tentación.
MARCOS 14:38

"Vigilen"... mantenga sus ojos abiertos. Cuando vea el pecado, esquívelo; cuando sienta la tentación, vaya a otro lado.

"*Oren*"... lo que hace la oración es invitar a Dios a caminar con nosotros los senderos sombríos de la vida, para que guarde nuestra espalda de los dardos venenosos del diablo.

"*Vigilen y oren*". Son buenos consejos. Tomémoslos.

Dios nos dio vida (...) para mostrar en los siglos
venideros las abundantes riquezas de su gracia en
su bondad para con nosotros en Cristo Jesús.
EFESIOS 2:7, RVR

Dios sabe todo sobre usted, no obstante no le mezquina su bondad. Al conocer todos sus secretos, ¿retrajo una promesa o reclamó un regalo?

No, Él es amable con usted. ¿Por qué usted no es amable consigo mismo? Él perdonó sus faltas. ¿Por qué no hace lo mismo? Él cree en usted lo suficiente como para llamarlo su embajador, su seguidor, incluso su hijo. ¿Por qué no toma su ejemplo y cree en sí mismo?

Con este fin trabajo y lucho fortalecido por
el poder de Cristo que obra en mí.
COLOSENSES 1:29

Dios estaba *con* Abraham, incluso llamó al patriarca su amigo...

Pero Él está *en* usted. Con Dios *en* usted, ¡usted tiene un millón de recursos que no tenía antes!

¿No puede dejar de tener miedo? Cristo puede. Y Él vive dentro de usted. ¿No puede olvidar el pasado o abandonar sus malos hábitos? ¡Cristo puede! Y Él vive dentro de usted.

Concentren su atención en las cosas de arriba.
COLOSENSES 3:2

La gente que va a casarse es obsesiva con su preparación. El vestido correcto. El peso correcto. El cabello correcto y el esmoquin correcto. Ellas quieren que todo esté bien. ¿Por qué? ¿Así su novio se casará con ellas? No. Justo lo opuesto. Quieren lucir de lo mejor *porque* su novio se casa con ellas.

Lo mismo es cierto para nosotros. Queremos lucir de lo mejor para Cristo. Queremos que nuestro corazón sea puro y nuestros pensamientos limpios... queremos estar preparados.

> *"Alégrense conmigo; ya encontré la*
> *oveja que se me había perdido".*
> LUCAS 15:6

Cuando Jesús les contó la historia de la oveja perdida, algunas de las personas que escuchaban secaron una lágrima, porque sabían cómo es estar perdido entre la multitud.

Jesús quiere que nosotros comprendamos que tenemos un Padre que nos mira y cuida de cada uno de sus hijos, que todos somos igualmente valiosos para Él.

La bondad y el amor me seguirán todos los días de mi
vida; y en la casa del Señor habitaré para siempre.
SALMO 23:6

¡Qué declaración enorme! ¡Mire su tamaño! ¡La bondad y el amor seguirán al hijo de Dios todos los días! Piense en los días que tiene por delante. ¿Qué ve? ¿Días en el hogar con los niños solamente? Dios estará a su lado. ¿Días en un trabajo de callejón sin salida? Él caminará con usted. ¿Días de soledad? Él tomará su mano.

Seguramente la bondad y el amor me seguirán, no algunos, no la mayoría, no casi todos, sino *todos los días de mi vida*.

Hemos estado trabajando duro toda la
noche y no hemos pescado nada.
LUCAS 5:5

¿Conoce el sentimiento de una noche sin dormir, sin pescar nada? Por supuesto que sí. ¿Para qué ha sido seleccionado?

¿Fe? "Quiero creer, pero..."

¿Sanidad? "Ha estado enfermo tanto tiempo..."

¿Un matrimonio feliz? "No importa lo que haga..."

Se ha sentado en el mismo sitio que Pedro. Y ahora Jesús le pide que vaya a pescar. Él sabe que sus redes están vacías. Sabe que su corazón está cansado... pero lo insta: "No es demasiado tarde, intenta otra vez".

Lo que vale es la fe que actúa mediante el amor.
GÁLATAS 5:6

Los símbolos son importantes. Algunos de ellos, como la comunión y el bautismo, ilustran la cruz de Cristo. Simbolizan la salvación... pero no imparten salvación.

Poner la confianza en un símbolo es como pretender ser un marinero porque tiene un tatuaje...

Nuestro Dios... nos salva, no porque confiamos en el símbolo, sino porque confiamos en el Salvador.

Él transforma nuestro cuerpo miserable
para que sea como su cuerpo glorioso.
FILIPENSES 3:21

¿Este cuerpo parece estar más cerca de la muerte que nunca antes? Sí. Es así. Y a menos que Cristo llegue primero, su cuerpo será enterrado. Como la semilla es colocada en la tierra, así su cuerpo será colocado en una tumba. Y por un tiempo su alma estará en el cielo mientras que su cuerpo está en la tumba. Pero la semilla enterrada en la tierra florecerá en el cielo. Su alma y su cuerpo serán reunidos, y usted será como Jesús.

Como un novio que se regocija con su novia,
así tu Dios se regocijará por ti.
ISAÍAS 62:5

Mire suficiente tiempo los ojos de nuestro Salvador y, allí verá a la novia. Vestida de lino fino. Vestida con la gracia pura. Desde la corona en su cabello hasta las nubes en sus pies, ella es de la realeza; es una princesa. Es la novia. Su novia. Que camina hacia Él, todavía no está con Él. Pero Él la ve, la espera, la ansía.

Las dos hermanas mandaron a decirle a Jesús:
"Señor, tu amigo querido está enfermo".
JUAN 11:3

La frase que el amigo de Lázaro usó es: *"No temas"*. Cuando la persona enviada le habló a Jesús de la enfermedad, dijo: *"Señor, tu amigo querido está enfermo"*.

Jesús no basa su súplica en el amor imperfecto del que estaba en necesidad, sino en el amor perfecto del Salvador... El poder de la oración, en otras palabras, no depende del que hace la oración, sino del que escucha la oración.

Dichosos los humildes, porque recibirán
la tierra como herencia.
MATEO 5:5

Mateo 5 es una descripción paso a paso de cómo Dios reconstruye el corazón del creyente.

El primer paso es pedir ayuda, para ser "pobre en espíritu" y admitir nuestra necesidad de un Salvador.

El próximo paso es la tristeza; aquellos que se lamentan son los que saben que están equivocados y dicen que lo sienten.

El próximo paso es el de la renovación: *"Dichosos los humildes"*. El reconocimiento de la debilidad conduce a la fuente de fortaleza: Dios.

*Todo lo que a mi Padre le oí decir se lo
he dado a conocer a ustedes.*
JUAN 15:15

Aprendemos la brevedad de Jesús. Su sermón más grande puede leerse en ocho minutos (Mateo 5-7). Resumió la oración con cinco frases (Mateo 6:9-13). Silenció a los acusadores con un desafío (Juan 8:7). Rescató el alma con una afirmación (Lucas 23:43). Resumió la Ley en tres versículos (Marcos 12:29-31) y redujo todas sus enseñanzas a un mandamiento (Juan 15:12).

Realizó su labor y se fue al hogar.

*Santificados mediante el sacrificio del cuerpo de
Jesucristo, ofrecido una vez y para siempre.*
HEBREOS 10:10

El Hijo de Dios se convirtió en el Cordero de Dios, la cruz
llegó a ser el altar, y fuimos santificados mediante el
sacrificio del cuerpo de Jesucristo, ofrecido una vez y para
siempre.

Lo que necesitaba ser pagado, fue pagado. Lo que debía
ser hecho, fue hecho. La sangre inocente fue requerida. La
sangre inocente fue ofrecida, una vez y para siempre. Entie-
rre esas cinco palabras en lo profundo de su corazón: *Una
vez y para siempre.*

La dádiva de Dios es vida eterna en
Cristo Jesús, nuestro Señor.
ROMANOS 6:23

Una de las cosas más difíciles es ser salvo por gracia. Hay algo en nosotros que reacciona ante el regalo gratis de Dios. Tenemos alguna compulsión extraña a crear leyes, sistemas y regulaciones que nos hagan "merecedores" de nuestro regalo.

¿Por qué hacemos eso? La única razón que puedo figurarme es el orgullo. Aceptar la gracia significa aceptar que es necesaria, y a la mayoría de las personas no le gusta hacer eso. Aceptar la gracia también significa que uno se da cuenta de su desesperación, y la mayoría de las personas no es proclive a demostrarlo.

El amor cubre multitud de pecados.
1 PEDRO 4:8

¿Ha escuchado alguna vez chismear de alguien que usted conoce? ¿Qué tiene que decir?

Aquí está lo que el amor dice: El amor no dice nada. El amor guarda silencio. *"El amor cubre multitud de pecados"*. El amor no se expone. No chismea. Si el amor dice algo, el amor pronuncia palabras de defensa. Palabras de amabilidad. Palabras de protección.

Para que los que han creído en Dios se
empeñen en hacer buenas obras.
TITO 3:8

Estar ocupado no es pecado. Jesús estuvo ocupado. Pablo estuvo ocupado. Pedro estuvo ocupado. Nada significativo se adquiere sin esfuerzo, duro trabajo y cansancio. Eso, en y por sí mismo, no es pecado. Pero estar ocupado en una persecución sin fin de *cosas* que nos dejan vacíos, huecos y rotos por dentro... eso no puede agradar a Dios.

Y si me voy y se lo preparo, vendré para llevarlos conmigo.
JUAN 14:3

Note la promesa de Jesús: "*Vendré para llevarlos conmigo*". Jesús se compromete a llevarnos al hogar. No delega esta tarea. Él puede enviar misioneros a enseñarle, ángeles para protegerlo, maestros para guiarlo, cantores para inspirarlo y médicos para sanarlo, pero no envía a nadie para llevarlo.

Él se reserva ese trabajo.

Devorará a la muerte para siempre.
ISAÍAS 25:8

Jesús explicó que el río de la muerte no era para temer. La gente no quiso creerle. Tocó a un muchacho y lo llamó a la vida. Permitió que un hombre muerto pasara cuatro días en la tumba, y luego lo llamó para que saliera. ¿Es eso suficiente? Aparentemente no. Era necesario que se sumergiera personalmente en el agua de la muerte antes de que la gente creyese que la muerte había sido conquistada.

Pero después que salió del otro lado del río de la muerte... era tiempo de celebrar.

Si ustedes creen, recibirán todo lo que pidan en oración.
MATEO 21:22

No reduzca esta gran declaración a la categoría de automóviles nuevos y cheques de pago...

Dios quiere que vuele. Quiere que usted vuele libre de la culpa de ayer. Quiere que vuele libre de los temores de hoy. Quiere que vuele libre de la tumba del mañana. El pecado, el temor y la muerte, son las montañas que Él tiene que mover. Éstas son las oraciones que Él contestará.

Alabar tu nombre por tu gran amor y fidelidad.
SALMO 138:2

Damos mayor aplauso al portador musculoso de una pelota de rugby, que al Dios que nos hizo. Cantamos más canciones a la Luna que al Cristo que nos salvó.

Aunque podemos no actuar como nuestro Padre, no hay verdad más grande que esta: somos suyos. Inalterablemente.

Él nos ama. Inmortalmente.

Ha puesto eternidad en el corazón de los hombres.
ECLESIASTÉS 3:11, RVR

Usted no fue hecho para la Tierra. Está en la Tierra, vive en la Tierra. Pero tiene dentro de sí una "chispa" especial: Dios *"ha puesto eternidad en el corazón de los hombres"*.

Debe mirar al futuro, nos esperan días gloriosos, inimaginables... si hemos comenzado en la Tierra a vivir en la gloria de la salvación que Cristo nos ofrece.

*Está establecido que los seres humanos mueran
una sola vez, y después venga el juicio.*
HEBREOS 9:27

La eternidad es para ser tomada con seriedad. El juicio vendrá.

Nuestra labor en la Tierra es singular: elegir nuestra morada eterna. Usted puede hacer muchas elecciones erróneas en la vida. Puede elegir la carrera equivocada y sobrevivir, la ciudad equivocada y sobrevivir, la casa equivocada y sobrevivir. Pero hay una sola elección que debe ser hecha correctamente, y es su destino eterno.

Si alguno está en Cristo, es una nueva creación.
2 CORINTIOS 5:17

En nuestro nuevo nacimiento Dios reconstruye nuestra alma y nos da otra vez lo que necesitamos. Nuevos ojos para que podamos ver por fe. Una mente nueva para que podamos tener la mente de Cristo. Nueva fuerza para que no nos cansemos. Una nueva voz para alabar y nuevas manos para servir. Y más que nada, un nuevo corazón. Un corazón que ha sido limpiado por Cristo.

Todos los que han sido bautizados en
Cristo se han revestido de Cristo.
GÁLATAS 3:27

Nos vestimos de Jesús. Y los que no creen en Jesús notan que creemos. Y ellos toman decisiones *sobre* Cristo al observarnos a nosotros.

Cuando somos amables, asumen que Cristo es amable. Cuando somos bondadosos, asumen que Cristo es bondadoso. Pero si somos impulsivos, ¿qué pensará la gente de nuestro Rey? Cuando somos deshonestos, ¿qué suposiciones hará el observador de nuestro Maestro? La cortesía honra a Cristo.

Derramaré de mi Espíritu sobre todo el género humano.
HECHOS 2:17

En la superficie no parecen distintos. Pedro es todavía desvergonzado. Natanael es todavía reflexivo. Felipe es todavía calculador.

Parecen iguales. Pero no lo son...

Dentro de ellos moraba un fuego que no se encuentra en la Tierra. Cristo les había enseñado. El Padre los había perdonado. El Espíritu moraba en ellos. Ya no son los mismos. Y porque son distintos, el mundo también lo es.

No sólo de pan vive el hombre, sino de toda
palabra que sale de la boca de Dios.
MATEO 4:4

Confíe en La Palabra de Dios. No confíe en sus emocio-
nes. No confíe en sus opiniones. Ni siquiera confíe en
sus amigos...

Jesús le dijo a Satanás: "*No solo de pan vive el hombre sino*
de toda palabra que sale de la boca de Dios". El verbo *sale* es literalmente "se derrama". Su tiempo indica que Dios está
constante y agresivamente comunicándose con el mundo a
través de su Palabra. ¡Dios todavía habla!

El que es bueno, de la bondad que atesora
en el corazón produce el bien.
LUCAS 6:45

Cuando le ofrecen un bocado de chisme adobado con la difamación, ¿lo tira o lo pasa a otros? Eso depende del estado de su corazón.

El estado de su corazón dicta si usted abrigará algún rencor o brindará la gracia, buscará la autocompasión o buscará a Cristo, beberá de la miseria humana o gustará de la misericordia de Dios.

JULIO

El amor solo es amor
si se elige.

Amémonos los unos a los otros,
porque el amor viene de Dios.
1 JUAN 4:7

¿Ansía ser más amado? Comience aceptando su lugar como hijo muy amado. *"Sed, pues, imitadores de Dios como hijos amados"* (Efesios 5:1, RVR).

¿Quiere aprender a perdonar? Entonces considere cómo ha sido perdonado. *"Más bien, sean bondadosos y compasivos unos con otros, y perdónense mutuamente, así como Dios los perdonó a ustedes en Cristo"* (Efesios 4:32).

Derramó su vida hasta la muerte (...)
Cargó el pecado de muchos.
ISAÍAS 53:12

Usted no puede ir a la cruz solo con su cabeza y sin su corazón. No funciona de esa forma. El Calvario no es un viaje mental. No es un ejercicio intelectual...

Es una hora de emoción que parte el corazón.

Eso es *Dios* en esa cruz. Nosotros lo pusimos allí.

Cuando todavía éramos pecadores,
Cristo murió por nosotros.
ROMANOS 5:8

Cuando amamos con expectativa, decimos: "Te amo. Pero te amaré más si...".

El amor de Cristo no tiene nada de esto. No tiene condicionamientos, no tiene expectativas, no tiene agendas ocultas, no tiene secretos. Su amor por nosotros era y es frontal y claro. "Te amo –dice– incluso si me defraudas. Te amo a pesar de tus fracasos".

Cada uno debe velar no solo por sus propios intereses
sino también por los intereses de los demás.
FILIPENSES 2:4

¿Cuál es la cura para el egoísmo?

Quite el yo de sus ojos quitando sus ojos de usted mismo. Deje de mirarse fijamente, y concéntrese en su Gran Salvador.

Concéntrese en la gracia de Cristo, en la consolación de Cristo, en el amor de Cristo, en el compañerismo con el Espíritu Santo, en el afecto y la compasión del cielo.

Por eso era preciso que en todo se asemejara
a sus hermanos, para ser un sumo
sacerdote fiel y misericordioso.
HEBREOS 2:17

Jesús exhibió las manzanas malas de su árbol genealógico en el primer capítulo del Nuevo Testamento. Rahab era la ramera de Jericó. David tenía una personalidad tan irregular como una pintura de Pablo Ruiz Picasso: un día escribe un salmo, otro día seduce a la esposa de un capitán. ¿Pero borró Jesús su nombre de la lista? Para nada...

Si su árbol genealógico tiene fruta machucada, entonces Jesús quiere que usted sepa: "Yo he estado allí".

Ésta es la victoria que vence al mundo: nuestra fe.
1 JUAN 5:4

Lo que es único sobre el reino de Dios, es que tiene la seguridad de la victoria. ¡Usted ha ganado!

Si no tiene fe en el futuro, entonces no tiene poder en el presente. Si no tiene fe en la vida más allá de la presente, entonces su vida presente carecerá de poder. Pero si cree en el futuro y está seguro de su victoria, entonces debe haber danza en sus pasos y una sonrisa en su rostro.

En la casa del Señor habitaré para siempre.
SALMO 23:6

¿Dónde vivirá para siempre? En la casa del Señor. Si la casa del Señor es su "casa para siempre", ¿qué pasa con esta casa terrenal? ¡Usted la consiguió! es una morada por un tiempo corto. Pero esta no es nuestra casa.

Eso explica la nostalgia que sentimos... Usted sabe, en lo profundo, que aún no está en casa. De modo que tenga cuidado de no actuar como si estuviese.

En esto consiste el amor: no en que nosotros
hayamos amado a Dios, sino en que él nos amó
y envió a su Hijo para que fuera ofrecido como
sacrificio por el perdón de nuestros pecados.
1 JUAN 4:10

Por favor observe: la salvación es don de Dios, es conducida por Dios, autorizada por Dios y se origina en Dios. El don no viene desde el hombre hacia Dios. Viene desde Dios hacia el hombre...

La gracia es creada por Dios y entregada al hombre.

Sé fiel hasta la muerte, y yo te daré la corona de la vida.
APOCALIPSIS 2:10

¿Puede imaginar un mundo sin muerte, solamente con vida? Si puede, puede imaginar el cielo. Porque los ciudadanos del cielo usan la corona de vida...

No estamos hechos de acero, estamos hechos de polvo. Y esta vida no está coronada por la vida, está coronada por la muerte.

No obstante, la vida venidera es distinta.

Renovados en la actitud de su mente.
EFESIOS 4:23

¿Qué si por un día y una noche Jesús vive la vida que a usted le corresponde con su corazón? Su corazón se toma un día de descanso, y el corazón de Jesús conduce su vida. Si las prioridades de Cristo gobiernan sus acciones.

Si las pasiones de Cristo manejan sus decisiones. Y si su amor dirige su comportamiento... ¿la gente notaría un cambio? ¿Usted todavía haría lo que ha planeado hacer en las próximas veinticuatro horas?

*Es imposible que la sangre de los toros y de
los machos cabríos quite los pecados.*
HEBREOS 10:4

Los sacrificios pueden ofrecer soluciones temporarias,
pero solo Dios puede ofrecer una solución eterna.

De modo que lo hizo.

Bajo los escombros de un mundo caído, Él horadó sus
manos. En el naufragio de una humanidad colapsada, Él
rasgó su costado... dio su sangre.

Era todo lo que tenía.

No nos cansemos de hacer el bien.
GÁLATAS 6:9

Cuando somos maltratados, nuestra respuesta animal es continuar la caza. Instintivamente, doblamos nuestros puños. Vengarse es solo natural. Lo que, a propósito, es precisamente el problema. La revancha es natural, no es espiritual. Vengarse es la ley de la jungla. Ofrecer la gracia es la ley del reino.

Perdonar a alguien es admitir nuestras limitaciones. Se nos ha dado solo un pedazo del rompecabezas de la vida. Solo Dios se encarga de toda la caja.

Porque todos los que han sido bautizados
en Cristo se han revestido de Cristo.
GÁLATAS 3:27

Mientras estaba en la cruz Jesús sintió la indignidad y la desgracia de un criminal. No, Él no tenía culpa. No, no había cometido pecado. Y no, no merecía ser sentenciado. Pero usted y yo éramos culpables, habíamos cometido pecado y merecíamos ser sentenciados.

Aunque llegamos a la cruz vestidos de pecado, dejamos la cruz vestidos de las *"vestiduras de salvación"* (Isaías 61:10). Ciertamente, la dejamos vestidos de Cristo mismo.

Que no vivimos según la naturaleza
pecaminosa sino según el Espíritu.
ROMANOS 8:4

CASI. ¿Cuántas veces estas cuatro feas letras encuentran senderos en frases desesperadas?

"Ella casi elige no dejarlo". "Él casi se convierte en cristiano".

Jesús demanda absoluta obediencia. Nunca tuvo lugar para el "casi" en su vocabulario. O está con Él o contra Él. "Casi" estar con el Maestro resulta como estar "nunca" con Él.

El Señor ha hecho grandes cosas por
nosotros, y eso nos llena de alegría.
SALMO 126:3

Usted no ha sido rociado con el perdón. No ha sido salpicado con la gracia. No ha sido espolvoreado con la bondad. Ha sido sumergido en ella. Está sumergido en la misericordia. Usted es un pececillo en el océano de la misericordia de Dios.

¡Deje que Él lo cambie!

El egoísta busca su propio bien.
PROVERBIOS 18:1

Estamos en el accionar rápido, en la sociedad que camina rápido. Necesitamos edificar puentes entre nuestro corazón y el de aquellos que vemos que necesitan un amigo, y permitir que Jesús cruce ese puente de amistad y entre en su vida.

Si usted es amigable o no, puede determinar que alguien escuche o no sobre Jesús.

Tú, Señor y Dios nuestro (...) eres
justo en todos tus actos.
DANIEL 9:14

Dios nunca se equivoca. Nunca ha tomado una decisión incorrecta, experimentado una actitud incorrecta, tomado el sendero equivocado, dicho lo incorrecto o actuado de forma errónea. Nunca llega demasiado tarde, o demasiado temprano, es demasiado fuerte o demasiado suave, va demasiado rápido o demasiado lento.

Él siempre ha sido y siempre será justo. Él es justo.

No dejes de recordar a Jesucristo, descendiente
de David, levantado de entre los muertos.
2 TIMOTEO 2:8

En una carta escrita mientras se afilaba la cuchilla que cortaría su cabeza, Pablo insta a Timoteo a *"recordar a Jesucristo, descendiente de David, levantado de entre los muertos"*.

Recuerda a la muerte llamada desde la tumba con acento galileo. Recuerda los ojos de Dios que secó las lágrimas humanas. Y, sobre todo, recuerda a este descendiente de David que golpeó el infierno y salió de la muerte.

Ven, dijo Jesús.
MATEO 14:29

Usted no puede leer algo sobre Dios sin encontrar que publica invitaciones. Él invitó a Eva a casarse con Adán, a los animales a entrar en el arca, a David a ser rey, a Israel a dejar la esclavitud, a Nehemías a reconstruir Jerusalén. Dios es un Dios que invita. Invitó a María a dar a luz a su Hijo, a los discípulos a pescar hombres, a la mujer adúltera a comenzar de nuevo, y a Tomás a tocar sus heridas.

Dios es el Rey que prepara el palacio, tiende la mesa e invita a sus súbditos a entrar.

Vivan con temor reverente mientras
sean peregrinos en este mundo.
1 PEDRO 1:17

Cada vida es una historia que debe escribirse. El Autor comienza cada historia de vida, pero cada vida escribirá su propio final.

Qué libertad peligrosa. Cuánto más seguro hubiera sido terminar la historia de cada Adán. Escribir cada opinión. Hubiese sido más simple. Hubiese sido más seguro. Pero no hubiese sido amor. El amor solo es amor si se elige.

Solamente al Señor debes seguir y rendir
culto. Cumple sus mandamientos y
obedécelo; sírvele y permanece fiel a él.
DEUTERONOMÍO 13:4

El reino de Cristo es un reino donde la membresía está *garantizada*, no *comprada*.

Usted fue colocado en el reino de Dios. *Usted* fue "adoptado". Y esto no sucede cuando hace lo suficiente, sino cuando admite que no puede hacer lo suficiente. Usted no lo adquiere; simplemente lo acepta. Como resultado, usted sirve no por arrogancia o temor, sino por gratitud.

Tenemos ante el Padre un intercesor, a Jesucristo, el Justo.
1 JUAN 2:1

Incluso en el cielo Jesús sigue siendo nuestro Salvador cercano. El Rey del universo gobierna los cometas con una lengua humana y dirige el tránsito celestial con una mano humana. Todavía humana. Todavía divina. Vive para siempre por medio de sus dos naturalezas.

Las manos que bendijeron el pan del niño ahora bendicen las oraciones de millones. ¿Sabe lo que eso significa? La mayor fuerza del cosmos lo comprende e intercede por usted.

Les aseguro que todo lo que hicieron por uno de mis
hermanos, aun por el más pequeño, lo hicieron por mí.
MATEO 25:40

¿Qué es lo que distingue al que fue salvado? ¿Su beca? ¿Su voluntad para ir a países extranjeros? ¿Su habilidad para acumular audiencia y predicar? ¿Sus escritos hábiles y sus volúmenes llenos de esperanza? No.

Lo que distingue al salvado es su amor por el más pequeño.

Sin fanfarria. Sin jaleo. Sin cobertura. Solo buena gente haciendo obras buenas. Porque cuando hacemos obras buenas para otros, se las hacemos a Dios.

Él tiene paciencia con ustedes, porque no quiere
que nadie perezca sino que todos se arrepientan.
2 PEDRO 3:9

Su nuevo nacimiento es, de muchas maneras, como el primero: en su primer nacimiento Dios le provee lo que usted necesita; alguien más siente el dolor, y hace el trabajo. Y así como los padres son pacientes con el recién nacido, Dios es paciente con usted.

Pero hay una diferencia. La primera vez usted no tiene la facultad de elegir nacer, la segunda vez puede elegir. El poder es de Dios. El esfuerzo es de Dios. El dolor es de Dios. Pero la elección es suya.

El Señor es sol y escudo; Dios nos concede honor y gloria.
SALMO 84:11

E l rechazo es como la velocidad máxima en una ruta. Lle-
gan con el viaje... Usted no puede hacer que la gente no
lo rechace. Pero puede hacer que el rechazo no lo enfurezca.
Él no frunce el ceño. No se vuelve loco. Él canta sobre usted.
Beba intensamente de su amor ilimitado.

Cristo nos libertó para que vivamos en libertad.
GÁLATAS 5:1

Algunos enseñan que ganamos el favor de Dios por lo que sabemos (intelectualismo). Otros insisten en que somos salvos por lo que hacemos (moralismo). Otros afirman que la salvación está determinada por lo que sentimos (emocionalismo).

Pero Pablo lo refuta: la salvación viene solo por la cruz, sin agregados, sin alteraciones.

¡Cálmense! Soy yo. No tengan miedo.
MATEO 14:27

L as olas golpeaban su cintura y la lluvia salpicaba su rostro. Jesús enseguida les dijo a los discípulos: "*¡Cálmense! Soy yo. No tengan miedo*".

Dios habló desde una zarza ardiendo a Moisés; le anunció: "YO SOY EL QUE SOY" (Éxodo 3:14).

¡Dios entra en las cosas! En los "Mares Rojos", en los desiertos, en los casamientos, en los funerales judíos y en las tempestades galileas. Observe y descubrirá lo que desde Moisés hasta Marta, todos descubrieron: a Dios en medio de sus tormentas.

La fe es la garantía de lo que se espera,
la certeza de lo que no se ve.
HEBREOS 11:1

La fe es confiar en lo que no se ve.

Los ojos ven al león que merodea. La fe ve al ángel de Daniel.

Los ojos ven las tormentas. La fe ve el arco iris de Noé.

Sus ojos ven sus faltas. Su fe ve a su Salvador.

Sus ojos ven su culpa. Su fe ve la sangre de Jesús.

El que me ha visto a mí, ha visto al Padre.
JUAN 14:9

Solo cuando ve a su Hacedor un hombre puede ser verdaderamente hombre. Porque al buscar a su Creador el hombre tiene una vislumbre de lo que ha sido destinado a ser. Quien ve a su Dios verá entonces la razón de la muerte y el propósito del tiempo. ¿El destino? ¿El mañana? ¿La verdad? Son todas preguntas al alcance del hombre que conoce la fuente de tales preguntas.

Es al ver a Jesús que el hombre ve a su Salvador.

Vengan a ver el lugar donde lo pusieron.
MATEO 28:6

Dé una mirada a la tumba vacía. ¿Sabía usted que los opositores de Cristo nunca desafiaron su tumba vacía? Ningún fariseo o soldado romano guiaron jamás a un contingente al sitio del entierro y declararon: "El ángel se equivocó. El cuerpo está aquí. Todo fue un rumor".

Esto ayuda a explicar el avivamiento en Jerusalén. Cuando los apóstoles anunciaban la tumba vacía, la gente buscó a los fariseos por una refutación. Pero no tenían ninguna.

Nosotros somos ciudadanos del cielo, de donde
anhelamos recibir al Salvador Jesucristo.
FILIPENSES 3:20

Usted ha visto que las personas tratan a este mundo como si fuera un hogar permanente. No lo es. Ha visto que las personas invierten tiempo y energía en la vida como si fuesen a vivir para siempre. No será así. Ha visto que las personas están tan orgullosas de lo que han hecho, que esperan que nunca tendrán que partir... pero partirán.

Todos partiremos. Estamos de paso.

AGOSTO

Dios está más cerca de
lo que usted piensa.

A fin de conocer a Cristo.
FILIPENSES 3:10

El Fuerte Knox es la instalación militar del Departamento de Defensa de Estados Unidos célebre por su alta seguridad. La fe en Cristo es más segura que el Fuerte Knox. El compañerismo con Él. El caminar con Él. Ponderarlo. Explorarlo. La comprensión del corazón de que usted, en Él, es parte de algo antiguo, interminable, imparable e insondable. Y que Él, que puede cavar el Gran Cañón del Colorado con su pico, piensa que vale la pena morir por usted sobre un madero romano.

Cristo es la recompensa para el cristiano.

¡Grande es el Señor y digno de alabanza!
SALMO 96:4

Nunca lo obsceno llegó tan cerca de la santo como lo hizo en el Calvario. Nunca estuvo lo bueno en el mundo tan entrelazado con lo malo, como estuvo en la cruz. Nunca lo que está bien se involucró tan íntimamente con lo que está mal, como se involucró cuando Jesús quedó suspendido entre el cielo y la Tierra.

Dios en la cruz. La humanidad en su peor estado. La Divinidad en su mejor estado.

El amor es paciente.
1 CORÍNTIOS 13:4

La palabra griega usada aquí por paciente significa "tardar mucho tiempo en hervir".

Piense en un recipiente de agua hirviendo. El agua hierve rápidamente cuando la llama está alta. Y hierve lentamente si está baja. La paciencia "mantiene el quemador bajo".

La paciencia no es ingenua. No ignora el mal comportamiento. Simplemente mantiene la llama baja. Espera. Escucha. Así es como Dios nos trata. Y, de acuerdo con Jesús, así es como debemos tratar a otros.

Es poderoso (...) para socorrer (...) a los que son tentados.
HEBREOS 2:18, RVR

Jesús estaba lo suficientemente enojado para limpiar el templo, lo suficientemente hambriento como para comer grano crudo, lo suficientemente perturbado como para llorar en público, lo suficientemente divertido como para ser llamado borracho, lo suficientemente agradable como para atraer a los niños... lo suficientemente radical como para cuidar de su madre, lo suficientemente tentado como para conocer el olor de Satanás, y lo suficientemente temeroso como para sudar sangre.

Cualquier cosa que usted enfrente, Él sabe cómo se siente.

Porque tú, Señor, bendices a los justos.
SALMO 5:12

El viaje desde Egipto a la tierra prometida puede hacerse en nueve días (Deuteronomio 1:2). A los israelitas les llevó treinta y ocho años.

Lo que no debían haber hecho, lo hicieron... de modo que Dios decidió que necesitaban algún tiempo para volver a pensar algunas cosas.

Puede ser que Dios esté esperando enseñarle algunas cosas. Preste atención. Usted no quiere pasar treinta ocho años errando el blanco.

Gracias te damos, oh Dios, gracias te
damos, pues cercano está tu nombre.
SALMO 75:1, RVR

Dios es Dios que sigue. Me pregunto... ¿lo ha sentido al seguirlo? A menudo lo perdemos... No reconocemos a nuestro Ayudador cuando está cerca. Pero Él viene.

Por medio de la amabilidad de un extraño. Por la majestad de la puesta del sol... Mediante la palabra bien dicha o de un toque en el momento justo.

¿Ha sentido su presencia?

¡Miren que viene en las nubes!
APOCALÍPSIS 1:7

Toda persona que ha vivido estará presente en la reunión final. Todo corazón que haya latido. Toda boca que haya hablado alguna vez. En ese día usted estará rodeado de un mar de gente. Ricos, pobres. Famosos, desconocidos. Reyes, vagabundos. Brillantes, dementes. Todos estarán presentes. Y todos mirarán en una dirección. Mirarán a Jesús, el Hijo del Hombre. Envuelto en esplendor. Como saeta radiante.

Todos somos justificados por la fe.
ROMANOS 3:28

¿Se atreve a pararse delante de Dios y a pedirle que lo salve a causa de su sufrimiento, o de su sacrificio, o de sus lágrimas o de su estudio?

Tampoco lo hizo Pablo. Le llevó décadas descubrir lo que escribió en solo una oración. *"Todos somos justificados por la fe"*.

No por medio de las buenas obras, el sufrimiento o el estudio. Todo eso puede ser el resultado de la salvación, pero no son la causa de ella.

La sangre de su Hijo Jesucristo nos limpia de todo pecado.
1 JUAN 1:7

L a limpieza no es una promesa para el futuro, sino la realidad del presente. Deje un átomo de polvo sobre el alma de un santo, y es lavada. Deje una mancha de suciedad sobre el corazón de un hijo de Dios, y la suciedad es borrada.

Nuestro Salvador se arrodilla y contempla los actos más oscuros de nuestra vida. Pero en lugar de retroceder horrorizado, se acerca con bondad y dice: "Yo puedo limpiar eso si tú quieres".

Dichosos los que tiene hambre y sed de
justicia, porque serán saciados.
MATEO 5:6

Normalmente conseguimos aquello que necesitamos para saciar nuestra hambre y sed. Pero el problema es: los tesoros de la Tierra no nos satisfacen. La promesa es: los tesoros del cielo satisfacen.

Dichosos los que, si todo lo que tienen les fuese quitado, como máximo, serían incomodados, porque su verdadera riqueza está en otro lado.

Porque mi yugo es suave y mi carga es liviana.
MATEO 11:30

Jesús dice que Él es la solución para el cansancio del alma. Vaya a Él. Sea honesto con Él. Admita que usted tiene secretos del alma que jamás ha tratado. Él ya sabe cuáles son. Está simplemente esperando que le pida ayuda...

Adelantese. Se alegrará de hacerlo. Los que están cerca de usted también estarán contentos.

Porque hay un solo Dios y un solo mediador
entre Dios y los hombres, Jesucristo hombre.
1 TIMOTEO 2:5

A veces en algún lugar usted se enredó con la basura y ha evitado a Dios. Permitió que el velo de la culpa se pusiera entre usted y su Padre. Y se pregunta si podrá alguna vez sentirse cerca de Dios nuevamente.

Dios le da la bienvenida. Dios no lo evita. Dios no lo resiste. La puerta está abierta... y Dios lo invita a entrar.

Y el Verbo estaba con Dios, y el Verbo era Dios.
JUAN 1:1

Siempre percibí al apóstol Juan como un compañero que visualiza la vida con simpleza...

Por ejemplo, definir a Jesús sería un desafío para los mejores escritores, pero Juan lo hizo con una analogía práctica. El Mesías, en una palabra, era "*el Verbo*". Un mensaje activo. Una carta de amor. Ya sea Él un verbo encendido o un adjetivo tierno, era simplemente "la Palabra".

Encomienda al Señor tus afanes, y él te sostendrá.
SALMO 55:22

Me pregunto, ¿cuántas cargas lleva Jesús por nosotros de las cuales nada sabemos? Tenemos conciencia de algunas. Él llevó nuestro pecado. Llevó nuestra vergüenza. Llevó nuestra deuda eterna. ¿Pero hay otras? ¿Ha elevado Jesús los temores antes que los sintiéramos? ¿Esos momentos cuando fuimos sorprendidos por nuestro propio sentimiento de paz?

Puede ser que Jesús haya llevado nuestra ansiedad sobre sus hombros y colocado un yugo de bondad sobre los nuestros.

Nosotros que somos del día, por el contrario,
estemos siempre en nuestro sano juicio,
protegidos por la coraza de la fe y del amor, y
por el casco de la esperanza de salvación.
1 TESALONICENSES 5:8

No ponga su esperanza en las cosas que cambian: las relaciones, el dinero, los talentos, la belleza e incluso la esperanza. Ponga sus ojos en una cosa que jamás cambia: confíe en su Padre celestial.

Jamás se me ocurra jactarme de otra cosa sino
en la cruz de nuestro Señor Jesucristo.
GÁLATAS 6:14

¿Siente usted la necesidad de afirmarse? ¿Su autoestima necesita atención? No necesita dejar caer nombres ni hacer alarde. Solo necesita detenerse al pie de la cruz y que le recuerden esto: el Hacedor de las estrellas prefirió morir por usted antes que vivir sin usted. Y eso es un hecho.

De modo que si necesita jactarse, jáctese en eso.

Tú creaste mis entrañas; me formaste
en el vientre de mi madre.
SALMO 139:13

"Me formaste*" es como el salmista describió el proceso de Dios al crear al hombre. No fue manufacturado o producido en masa, sino "formado". Cada fibra de la personalidad fue tiernamente entrelazada. Cada cordón del temperamento fue deliberadamente seleccionado...

El Creador, el Maestro tejedor entrelazó el alma. Cada uno es diferente. No hay dos seres iguales. Ninguno es idéntico a otro.

¿Qué piensan ustedes acerca del Cristo?
MATEO 22:42

La idea de que una virgen sería seleccionada por Dios para sostenerlo... La noción de que Dios tendría cuero cabelludo, dedos en los pies y dos ojos... El pensamiento de que el Rey del universo estornudara, eructara y fuese picado por los mosquitos... Es demasiado increíble. Demasiado revolucionario.

Nunca crearíamos tal Salvador. No somos tan audaces.

Me untó barro en los ojos, me lavé, y ahora veo.
JUAN 9:15

Lo que importa no son las circunstancias, es Dios en medio de las circunstancias. No son las palabras, es Dios pronunciando las palabras. No fue el barro que curó los ojos del ciego, fue el dedo de Dios en el barro. La cuna y la cruz eran tan comunes como el césped. Lo que los hizo santo fue Aquel que permaneció allí.

Entrego mi vida (...) Nadie me la arrebata sino
que yo la entrego por mi propia voluntad.
JUAN 10:17-18

Jesús conoce el significado de la frase: "No es correcto".
Porque no era correcto que las personas salivaran en los ojos que han llorado por ellos. No era correcto que los soldados rasgaran la carne de las espaldas de su Dios. No era correcto que los clavos horadaran las manos que formaron la Tierra...

¿Era correcto? No... ¿Pasar por eso, era amor? Sí.

El que viene de arriba está por encima de todos.
JUAN 3:31

"**Y***a no tienen vino*" le dijo María a Jesús (Juan 2:3). Eso es así. Es todo lo que dijo. María simplemente evaluó el problema y se lo entregó a Jesús.

La próxima vez que enfrente una calamidad común, siga el ejemplo de María: identifique el problema... y tendrá la mitad de la solución. Preséntaselo a Jesús... Él es feliz en ayudar. Haga lo que Él le diga... no importa cuán loco parezca.

Instrúyeme, Señor, en tu camino para
conducirme con fidelidad.
SALMO 86:11

Cuando la bondad llegue de mala gana, recordemos la bondad de Dios para con nosotros, y pidámosle que nos haga más amables. Cuando la paciencia sea escasa, le agradecemos a Dios por su paciencia y le pedimos que nos dé más paciencia. Cuando sea difícil perdonar, no debemos hacer una lista de todas las veces que nos han afligido. Más bien, hagamos una lista de todas las veces que recibimos la gracia... y oremos para ser más perdonadores.

Cristo amó a la iglesia y se entregó por ella (...) para presentársela a sí mismo como una iglesia radiante, sin mancha ni arruga ni ninguna otra imperfección.
EFESIOS 5:27

Desde nuestra perspectiva, la Iglesia no es linda. Vemos la murmuración, la disputa, la división. El cielo también ve eso. Pero el cielo ve más. El cielo ve la Iglesia limpia y santificada por Cristo.

El cielo ve a la Iglesia ascendiendo al cielo. La Iglesia ve a la Novia que usa la vestimenta limpia de Jesucristo.

Jesucristo es el mismo ayer y hoy y por los siglos.
HEBREOS 13:8

Cristo es tiempo presente. Él nunca dice: "era". Nosotros lo hacemos. Lo hacemos porque "éramos". Éramos más jóvenes, más rápidos, más hermosos. Tendemos a ser personas del pasado, tenemos reminiscencia. Dios no. Firme en su fuerza, nunca necesita decir: "era". El cielo no tiene espejos retrovisores...

¿Puede Dios ser más Dios? No. Él no cambia. Él es el Dios "Yo soy". *"Jesucristo es el mismo ayer y hoy y por los siglos".*

En la ley del Señor se deleita, y día y noche medita en ella.
SALMO 1:2

La Biblia no es un periódico para ser examinado superficialmente, sino más bien una mina para ser explotada.

Este es el punto práctico. Estudie La Biblia un poco por vez. Dios parece enviar mensajes como lo hizo con su maná: una porción por día. Él provee *"línea sobre línea, un poquito allí, otro poquito allá"* (Isaías 28:10, RVR). Es decir, una pequeña lección aquí, otra pequeña lección allá.

Elija la profundidad por encima de la cantidad.

Él perdona todos tus pecados.
SALMO 103:3

Es contrario a la naturaleza de Dios recordar los pecados perdonados.

El que es perfecto ama no ser rencoroso. Si recordara no sería perfecto amor. Y si no es perfecto amor, usted podría muy bien dejar este libro e irse de pesca, porque ambos perseguiríamos cuentos de hadas.

Pero creo en el cariñoso olvido divino. Y creo que tiene una memoria terriblemente bondadosa.

Los comisioné para vayan y den
fruto, un fruto que perdure.
JUAN 15:16

Un buen jardinero hará lo que sea para ayudar a la viña a dar fruto. ¿Qué fruto quiere Dios? *"Amor, gozo, paz, paciencia, amabilidad, bondad, fidelidad, humildad y domino propio"* (Gálatas 5:22-23). Estos son los frutos del Espíritu. Y esto es lo que Dios anhela ver en nosotros. Y como un jardinero cuidadoso, sujetará y cortará lo que interfiere.

Fijemos la mirada en Jesús, el indicador y
perfeccionador de nuestra fe, quien por el
gozo que le esperaba, soportó la cruz.
HEBREOS 12:2

Recuerde, el cielo no era extranjero para Jesús. Él es la única persona que vivió en la Tierra *después* de haber vivido en el cielo. Conoció el cielo antes de venir a la Tierra. Supo lo que le esperaba a su retorno. Y saber lo que le esperaba en el cielo lo capacitó para soportar la vergüenza en la Tierra.

Quien sea sabio (...) que entienda
bien el gran amor del Señor.
SALMO 107:43

¿Envejecer? Un proceso necesario para pasar a un mundo mejor.

¿La muerte? Simplemente un breve pasaje, un túnel...

La próxima vez que se encuentre solo en un callejón oscuro donde afronta las cosas innegables de la vida, no las cubra con una sábana, ni las ignore con una mueca nerviosa. No prenda la televisión y pretenda que no están allí. En cambio, esté quieto, susurre el nombre de Dios... y escuche. Él está más cerca de lo que piensa.

"Yo soy la voz del que grita en el desierto".
JUAN 1:23

Juan era la voz de Cristo con algo más que su voz. Su vida concordaba con sus palabras.

Cuando los caminos y las palabras de una persona son los mismos, la fusión es explosiva. Pero cuando una persona dice una cosa y vive otra, el resultado es destructivo. Las personas sabrán que somos cristianos, no porque llevamos el nombre, sino porque vivimos la vida.

*Cuando Jesús venga en aquel día para ser glorificado en
sus santos y ser admirado en todos los que creyeron.*
2 TESALONICENSES 1:10, RVR

"*Jesús (...) admirado en todos los que creyeron*". Pablo no medía el gozo de encontrar a los apóstoles o de abrazar a sus seres queridos. Pero más se admiraba al ver a Jesús en las vidas de todos los creyentes.

¿Admiran los demás a Jesús cuando ven tu vida?

SEPTIEMBRE

Dios ama a los que más
lo necesitan.

Tú, oh Dios y Salvador nuestro, nos respondes
con imponentes obras de justicia.
SALMO 65:5

Dios nunca le da la espalda a los que hacen preguntas honestas. Nunca lo hizo en el Antiguo Testamento, ni en el Nuevo Testamento. De modo que si usted le hace preguntas honestas, Dios no se apartará de usted.

En el aprendizaje a depender de Dios, debemos aceptar que no podemos saber todas las respuestas, pero sabemos *Quién* conoce las respuestas.

Desde el siglo y hasta el siglo, tú eres Dios.
SALMO 90:2, RVR

Usted y yo necesitamos un cambio. ¿No ha tenido el cambio suficiente en su vida? Las relaciones cambian. La salud cambia. El clima cambia. Pero el Dios que gobernó la Tierra anoche es el mismo que la gobierna hoy. Las mismas convicciones. El mismo plan. El mismo humor. El mismo amor. Él nunca cambia. Usted no puede alterar más a Dios de lo que una piedrita pueda alterar el ritmo del Pacífico.

El Señor es nuestro cambio. Un punto fijo para cambiar el mundo.

Nadie es justificado por las obras que demanda
la ley sino por la fe en Jesucristo.
GÁLATAS 2:16

Dios no tropieza con el mundo malo. Él no queda con la boca abierta de asombro por la profundidad de nuestra fe, ni por la profundidad de nuestros fracasos. No podemos sorprender a Dios con nuestras crueldades. Él conoce la condición del mundo... e igualmente lo ama.

Y cuando encontramos un lugar donde Dios antes nunca estuvo —como la cruz—, miramos nuevamente y allí está en carne.

Nuestra ayuda está en el nombre del Señor.
SALMO 124:8

Usted tiene un boleto para el cielo que ningún ladrón puede robarle, un hogar eterno que ningún divorcio puede quitarle. Todo pecado en su vida ha sido echado en el mar. Todo error que haya cometido fue clavado en la cruz. Usted ha sido comprado con sangre y ha sido hecho para el cielo.

Es un hijo de Dios, salvo para siempre. De modo que sea agradecido, regocíjese por esta verdad.

Lo que posee es mucho más importante que lo que hace.

*Así lo hicieron, y recogieron una cantidad tan
grande de peces que las redes se rompían.*
LUCAS 5:6

El brazo de Pedro se movía rápidamente en el agua. Es todo lo que podía hacer para resistir hasta que los otros compañeros pudieran ayudarlo. En unos momentos los cuatro pescadores y el carpintero estaban sobre sus rodillas para volcar su fortuna.

Pedro levantó sus ojos, los quitó de la pesca y los puso en el rostro de Cristo. En ese momento por primera vez vio a Jesús. No al "Jesús hallador de peces", no al "Jesús Rabí", vio a Jesús el Señor.

*Ahora, pues, ninguna condenación hay para los
que están en Cristo Jesús (...) los que no andan
conforme a la carne, sino conforme al Espíritu.*
ROMANOS 8:1, RVR

¿Dice la Palabra de Dios "Que hay una condenación *limitada* para los que están en Cristo Jesús? No. ¿Dice "Que hay *alguna* condenación"? No. Dice: "*Ninguna condenación hay para los que están en Cristo Jesús*". Piense en eso, al margen de nuestro pecado, ¡no somos culpables!

Has llenado mi copa a rebosar.
SALMO 23:5

¿La copa que rebosa está llena? Absolutamente. El vino llega al borde y luego pasa por encima del borde. La copa no es lo suficientemente grande para contener la cantidad. De acuerdo con David, nuestro corazón no es lo suficientemente grande como para contener las bendiciones que Dios quiere darnos. Él derrama y derrama hasta que ellas se derraman literalmente por encima del borde y caen sobre la mesa...

De lo último que necesitamos preocuparnos es de no tener suficiente. Nuestra copa rebosa con las bendiciones.

Pues ustedes han nacido de nuevo, no de simiente
perecedera, sino de simiente imperecedera, mediante
la palabra de Dios que vive y permanece.
1 PEDRO 1:23

Somos libres para amar o no a Dios. Él nos invita a amarlo. Nos insta a amarlo. Vino para que pudiéramos amarlo. Pero, al final, la elección es suya y mía. Para que cada uno de nosotros hiciera esa elección, para forzarnos a amarlo; no podía haber menos que amor...

Él nos dejó la elección.

Nosotros, que hemos muerto al pecado,
¿cómo podemos seguir viviendo en él?
ROMANOS 6:2

Los que hemos sido justificados ¿cómo podemos vivir sin ser justos? Los que hemos sido amados ¿cómo podemos vivir sin amor? Los que hemos sido bendecidos ¿cómo podemos dejar de bendecir? Los que hemos recibido la gracia ¿cómo podemos vivir sin ser bondadosos?

¿Cómo puede la gracia dar otro resultado que no sea vivir favorecidos? "*¿Qué concluiremos? ¿Vamos a persistir en el pecado, para que la gracia abunde? ¡De ninguna manera!*" (Romanos 6:1).

Su cabellera lucía blanca como la lana, como la nieve;
y sus ojos resplandecían como llama de fuego.
APOCALIPSIS 1:14

¿Cómo sería una persona si nunca hubiese pecado? ¿Si ninguna preocupación hubiese fruncido su ceño y ningún enojo hubiese ensombrecido sus ojos? ¿Si ninguna amargura hubiese enredado sus labios y ningún orgullo doblegado su sonrisa? Si una persona no hubiese pecado, ¿cómo sería su apariencia?

Lo sabremos cuando veamos a Jesús.

Trata con bondad a este siervo tuyo; así
viviré y obedeceré tu palabra.
SALMO 119:17

A Dios le gusta decorar. Dios *tiene* que decorar. Permítale vivir lo suficiente en el corazón, y ese corazón comenzará a cambiar. Los retratos de la herida serán reemplazados por paisajes de gracia. Los muros de ira serán demolidos y los cimientos inseguros restaurados.

Dios no puede dejar una vida sin cambiar más tiempo de lo que una madre puede dejar las lágrimas de su hijo sin tocar.

Éste es mi mandamiento: que se amen los unos a los otros.
JUAN 15:17

Es resentimiento cuando deja que su herida se transforme en odio. Es resentimiento cuando permite que lo que lo carcome lo devore. Es resentimiento cuando usted atiza, remueve y alimenta el fuego, agita las llamas y reaviva el dolor...

La revancha es encender el fuego... La amargura es la trampa que atrapa... Y la misericordia es la elección que puede liberar.

Crea en mí, oh Dios, un corazón limpio.
SALMO 51:10

¿Alguna vez ha culpado al gobierno por su grave situación? (Si hubiesen bajado las tasas impositivas, mi negocio funcionaría). ¿Ha culpado a su familia de su fracaso? (Mi mamá siempre prefería a mi hermana).

Considere la oración de David: "Crea *en* mí, oh Dios, un corazón limpio". El cambio real es un trabajo interno. Usted puede alterar las cosas un día o dos con dinero y sistemas, pero el corazón del problema es y será siempre, un problema del corazón.

Ciertamente él cargó con nuestras
enfermedades y soportó nuestros dolores.
ISAÍAS 53:4

¿Por qué vivió tanto tiempo Jesús en la Tierra? ¿Por qué no caminó en el mundo solo lo suficiente como para morir por nuestros pecados y luego partió? ¿Por qué no una semana o un año sin pecado? ¿Por qué tuvo que vivir una vida? Llevar nuestros pecados es una cosa, pero llevar nuestras quemaduras de sol, nuestros dolores de garganta... Experimentar la muerte, sí... ¿pero tolerar la vida? ¿Tolerar largas rutas, largos días y a los irritables? ¿Por qué lo hizo?

Porque quería que usted confiara en Él.

Y el verbo se hizo carne y habitó entre nosotros.
JUAN 1:14

Aquel a quien oramos conoce nuestros sentimientos. Conoce la tentación. Sintió el desaliento. Tuvo hambre y sueño y estuvo cansado. Él inclina la cabeza con comprensión cuando oramos con enojo... y sonríe cuando confesamos nuestro cansancio.

También conoció el zumbido de la monotonía y el cansancio que proviene de largos días... Dios se hizo carne y habitó entre nosotros.

Dios nuestro Padre, que nos amó y por
su gracia nos dio consuelo.
2 TESALONÍCENSES 2:17

Dios ama a aquellos que más lo necesitan, a los que descansan en Él, dependen de Él y confían en Él para todo. Poco le importa si usted ha sido tan puro como Juan o tan pecador como María Magdalena. Todo lo que importa es su confianza en Él.

Yo mismo apacentaré a mi rebaño, y lo llevaré a descansar. Lo afirma el Señor omnipotente.
 EZEQUIEL 34:15

Lo que el pastor hace con las ovejas, nuestro Pastor lo hará con nosotros. Nos guiará a un país superior. Cuando no haya pastura aquí abajo, Dios nos conducirá allí arriba. Nos guiará para pasar por la puerta, nos sacará a las llanuras y nos llevará por el camino que sube a la montaña.

Lo he interrogado delante de ustedes
sin encontrar que sea culpable.
LUCAS 23:14

Un ladrón se coloca entre Jesús y los acusadores y habla a su favor: *"Nosotros sufrimos lo que merecen nuestros delitos; éste, en cambio, no ha hecho nada malo"* (Lucas 23:41).

Nosotros somos culpables y Él es inocente.

Nosotros somos sucios y Él es puro.

Nosotros estamos equivocados y Él es justo.

Él no está en la cruz por sus pecados. Está allí por los nuestros.

La aurora del Señor brillará sobre ti;
¡sobre ti se manifestará su gloria!
ISAÍAS 60:2

Cuando creamos un redentor, lo mantenemos a salvo distante en su castillo lejano. Solo le permitimos encuentros muy breves con nosotros. Le permitimos precipitarse para entrar y salir con su carruaje antes de que podamos acercarnos demasiado. No podemos pedirle que establezca su residencia en medio de un pueblo contaminado. En nuestra imaginación más primitiva no podíamos visualizar a un rey que se hizo uno de nosotros.

Pero Dios pudo.

> *Natanael le dijo: ¿De Nazaret puede salir*
> *algo bueno? Le dijo Felipe: Ven y ve.*
> JUAN 1:46, RVR

¿De Nazaret puede salir algo bueno? (...) Ven y ve.

Vea a Wilberforce luchar para liberar a los esclavos en Inglaterra...

Viaje por la jungla y escuche los tambores golpear en alabanza...

Aventúrese en los campos de concentración y en los calabozos del mundo, y escuche las canciones de los salvos que rehúsan guardar silencio.

Ven y ve.

Porque el Señor estará siempre a tu lado.
PROVERBIOS 3:26

Los que construían el templo y los buscadores del Salvador. Los encontrará a ambos en la misma iglesia, en el mismo banco, por momentos, incluso, con el mismo traje. Unos ven la estructura y dicen: "Qué iglesia grande". Otros ven al Salvador y dicen: "¡Qué Cristo grande!"

¿Qué ve usted?

Él les enjugará toda lágrima de los ojos.
APOCALIPSIS 21:4

Algún día Dios enjugará nuestras lágrimas. Las mismas manos que extendieron los cielos tocarán sus mejillas. Las mismas manos que formaron las montañas acariciarán su rostro. Las mismas manos que se deformaron con la agonía cuando los clavos romanos las horadaron, algún día tomarán su rostro y borrarán sus lágrimas.

Para siempre.

Porque todos los que han sido bautizados
en Cristo se han revestido de Cristo.
GÁLATAS 3:27

Leyó bien. Nos hemos "revestido" de Cristo. Cuando Dios nos mira no nos ve a nosotros, ve a Cristo. Nos "vestimos" de Él. Estamos escondidos en Cristo, estamos cubiertos por Él. Como dice la canción: "Vestido solo con su justicia, me paro delante del trono libre de faltas".

¿Presunción, usted dice? ¿Sacrilegio? Sería así si hubiese sido idea mía. Pero no lo es. Es idea de Dios.

De los que me diste ninguno se perdió.
JUAN 18:9

Satanás cae ante la presencia de Cristo. Satanás no tiene poder contra la protección de Cristo.

Cuando Jesús dice que lo mantendrá salvo, quiere decir eso. El infierno tendrá que pasar a través de Él para llegar a usted. Jesús es capaz de protegerlo. Cuando Él dice que lo llevará al hogar, lo pondrá allí.

Me libró porque se agradó de mí.
SALMO 18:19

¿Usted pensó que Dios lo salvó debido a sus buenas obras o a su buena actitud o a su buena apariencia? Lo siento. Si ese fuera el caso, su salvación se perdería cuando su opinión cambiara o sus obras se debilitaran. Hay muchas razones por las que Dios lo salvó: para gloria de sí mismo, para apaciguar su justicia, para demostrar su soberanía.

Pero una de las razones más dulces por la cual lo salvó. es porque Él se agradó de usted.

El amor es paciente, es bondadoso.
1 CORINTIOS 13:4

El amor *ágape* cuida de los demás, porque Dios cuidó de nosotros. El amor *ágape* va más allá del sentimiento y de los buenos deseos. Porque Dios nos amó primero, el amor *ágape* le responde. Porque Dios fue bondadoso, el amor *ágape* perdona el error cuando la ofensa es grave. El amor *ágape* ofrece paciencia cuando la tensión es abundante y extiende amabilidad cuando la amabilidad es escasa. ¿Por qué?

Porque Dios nos ofreció ambas cosas.

¡Dichosos aquellos a quienes se les perdonan las
transgresiones y se les cubren los pecados!
ROMANOS 4:7

Para calificar para la bancarrota, usted debe admitir que está quebrado. Y para ir al cielo, debe admitir que está ligado al infierno.

Eso es duro... no es fácil para un tipo decente admitir que es pecador. Es difícil para una hermosa señorita confesar la destitución espiritual... Si somos salvos es porque Dios nos rescató y no porque aprendimos a nadar.

Así tendrán una gran recompensa y serán
hijos del Altísimo, porque Él es bondadoso
con los ingratos y malvados.
LUCAS 6:35

Dios ha probado ser un padre fiel. Ahora nos toca a nosotros ser hijos confiables. Permita que Dios le dé lo que su familia no le da. Permita que Él llene el vacío que otros han dejado.

Descanse en Él para ser afirmado y estimulado.

Yo soy el camino, la verdad y la vida (...)
Nadie llega al Padre sino por mí.
JUAN 14:6

Jesús nos deja dos opciones: recibirlo como Dios o rechazarlo como un megalómano. No hay una tercera alternativa.

Llámelo loco o corónelo como rey. Deséchelo como un fraude o declare que es Dios. Apártese de Él o arrodíllese delante de Él, pero no juegue con Él. No lo llame un gran hombre. No lo coloque en la lista de la gente decente... O Él es Dios o es un impostor. Un enviado del cielo o alguien nacido en el infierno. Es todo esperanza o todo exageración. Pero nada en el medio.

¿Hasta cuando tendré que estar con ustedes?
MARCOS 9:19

¿*H*asta cuando? "Hasta que el gallo cante y el sudor moleste y el martillo repique...".

¿*Hasta cuando?* "Lo suficiente para que todos los pecados saturen tanto mi alma libre de pecado que el cielo me dé la espalda por horror, hasta que mis labios hinchados pronuncien la transacción final: 'Es consumado'".

Jesús llevó todo, creyó todo, esperó todo y soportó todo. Cada cosa.

OCTUBRE

*Las dificultades son
cortas. Las recompensas
son eternas.*

Porque derramó su vida hasta la muerte, y
fue contado entre los transgresores.
ISAÍAS 53:12

Dios está en la mayor parte de las cosas de su mundo. Él no ha establecido su residencia en una galaxia distante. No ha elegido recluirse en el trono de un castillo incandescente.

Se ha acercado. Se ha involucrado en los tanques de nafta de los automóviles, en las angustias y en las funerarias de nuestros días. Él está tan cerca de nosotros el lunes como el domingo. En las aulas de la escuela como en el santuario.

Que el favor del Señor nuestro Dios esté sobre nosotros.
Confirma en nosotros la obra de nuestras manos.
SALMO 90:17

La ira. Es una emoción peculiar pero predecible. Comienza como una gota de agua. Con una irritación. Una frustración. Nada grande, simplemente un agravio. Alguien consiguió su lugar de estacionamiento. El mozo del restaurante es lento y usted está apurado. Gotea. Gotea. Gotea.

No obstante, acumule lo suficiente de estas gotas de ira, aparentemente inocentes, y no pasará mucho tiempo para que tenga un balde lleno de ira...

Ahora, ¿es ese un modo de vivir? La ira nunca ha hecho bien alguno.

El amor (...) no es jactancioso ni orgulloso.
1 CORINTIOS 13:4

Jesús maldijo a los pájaros superiores de la iglesia, a los que anidaban en la cima de la escala espiritual y desparramaban sus plumas de túnicas, títulos, joyas y elegían los asientos. Jesús no estaba de su parte. Es fácil decir por qué. ¿Cómo puedo amar a otros si mis ojos están fijos solo en mí? ¿Cómo puedo señalar a Dios si estoy apuntándome yo? Y, peor aún, ¿cómo puede alguien ver a Dios si me mantengo abanicando las plumas de mi cola?

Jesús no tiene lugar para las jerarquías.

No temas; desde ahora serás pescador de hombres.
LUCAS 5:10

Cristo no abandona a los pecadores confesos. Muy por el contrario, hace una lista...

Contrario a lo que se le haya dicho, Jesús no limita su reclutamiento al audaz. Los golpeados y gastados son las perspectivas principales de su libro, y Él ha sabido subir a barcos, entrar en bares y burdeles para decir: "No es demasiado tarde para comenzar de nuevo".

Te basta con mi gracia, pues mi poder
se perfecciona en la debilidad.
2 CORINTIOS 12:9

¿Qué es gracia? Es lo que alguien nos da por la bondad de su corazón, no por nuestra perfección. La historia de la gracia es la buena nueva que dice que cuando nosotros llegamos, Él nos da...

La gracia es algo que usted no esperaba. Es algo que ciertamente nunca podía ganar. Pero la gracia es algo que usted nunca puede apagar.

*La vida de una persona no depende de
la abundancia de sus bienes.*
LUCAS 12:15

Lo que usted es no tiene nada que ver con las ropas que usa o el automóvil que maneja. El cielo no lo conoce a usted como el compañero con un lindo traje, o la mujer con una casa grande o el niño con la nueva bicicleta. El cielo conoce su corazón.

Cuando Dios piensa en usted, ve su compasión, su devoción, su ternura o su mente veloz, pero no piensa en sus cosas... Y cuando usted piensa en usted mismo tampoco debe pensar en sus cosas.

¡Sí, éste es nuestro Dios; en él confiamos, y él nos salvó!
ISAÍAS 25:9

Cuando las personas no escuchan, recuerde a Jesús. Cuando las lágrimas vienen, recuerde a Jesús. Cuando la desilusión sea su socia, recuerde a Jesús. Cuando el temor tienda su carpa en su patio delantero. Cuando la muerte asome, cuando la ira arda lentamente, cuando la vergüenza pese mucho, recuerde a Jesús.

Recuerde al que llamó a la muerte desde la tumba con acento galileo. Recuerde que Dios seca las lágrimas humanas.

Quien me recibe a mí, recibe al que me envió.
MATEO 10:40

¿Cómo simplifica usted la fe?

Simplifique su fe buscando a Dios usted mismo. No se necesitan ceremonias confusas. No se requieren rituales misteriosos. Ni canales de órdenes o niveles de acceso elaborados.

¿Tiene una Biblia? Usted puede estudiarla. ¿Tiene corazón? Puede orar. Tiene mente. Puede pensar.

Disfrutamos de libertad y confianza
para acercarnos a Dios.
EFESIOS 3:12

Cristo lo encuentra fuera del salón del trono, lo toma de la mano y entra a la presencia de Dios. Al entrar encontramos la gracia, no la condenación; misericordia, no castigo.

Dado que somos amigos del Hijo de Dios, tenemos entrada al salón del trono. Este regalo no es una visita ocasional delante de Dios, sino más bien un permanente *"acceso a esta gracia en la cual nos mantenemos firmes"* (Romanos 5:2).

La actitud de ustedes debe ser como la de Cristo Jesús.
FILIPENSES 2:5

¿Qué significa ser como Jesús? El mundo nunca conoció un corazón tan puro, un carácter tan impecable. Su oído espiritual era tan penetrante que nunca perdió el susurro del cielo. Su misericordia es tan abundante que nunca perdió la oportunidad de perdonar. No hubo mentira en sus labios, ninguna distracción estropeó su visión. Tocó cuando otros retrocedían. Soportó cuando otros desistían.

Jesús es el modelo final para cada persona.

Dichosos los compasivos, porque serán
tratados con compasión.
MATEO 5:7

L os misericordiosos –dijo Jesús– muestran misericordia. Testifican de la gracia. Son bendecidos porque son testigos de una bondad mayor. Perdonar a otros nos permite ver cómo Dios nos ha perdonado. La dinámica de dar la gracia es la llave para comprender la gracia, porque cuando perdonamos a otros comenzamos a sentir lo que Dios siente.

Él es mi protector y no habré de caer.

SALMO 62:6

¿Qué hace Dios cuando estamos ciegos? Pelea por nosotros. Entra al cuadrilátero, nos señala nuestra esquina y toma posesión. "*Ustedes quédense quietos, que el Señor presentará batalla por ustedes*" (Éxodo 14:14).

Su labor es luchar. Nuestra labor es confiar.

Solo confíe. No dirija. Ni cuestione. Ni le arrebate el volante de sus manos. Nuestra labor es orar y esperar.

Así que acerquémonos confiadamente al trono de la
gracia para recibir misericordia y hallar la gracia que
nos ayude en el momento que más la necesitamos.
HEBREOS 4:16

¿No necesitamos confiar en alguien que sea más grande que nosotros? ¿No estamos cansados de confiar en la gente de esta Tierra cuando esperamos comprensión? ¿No estamos cansados de confiar en las cosas de esta Tierra cuando buscamos fortaleza? Un marinero a punto de ahogarse no le pide ayuda a otro marinero a punto de ahogarse. Sabe que necesita a alguien que sea más fuerte que él.

El mensaje de Jesús es este: Yo soy esa persona. Confía en mí.

Los he llamado amigos, porque todo lo que a mi
Padre le oí decir se lo he dado a conocer a ustedes.
JUAN 15:15

Juan es el único de los doce que estuvo junto a la cruz. Llegó para decir adiós. Según él mismo admite, todavía no había completado el rompecabezas. Pero eso no importaba realmente.

Le preocupaba que su amigo más cercano estaba en problemas y llegó para ayudarlo.

Juan nos enseña que las más grandes tramas de la lealtad no se tejen con teologías herméticas o filosofías infalibles, sino con amistades, amistades obstinadas, desinteresadas, alegres.

Recompensa de la humildad y del temor del
Señor son las riquezas, la honra y la vida.
PROVERBIOS 22:4

L a verdadera humildad no es desestimarse a sí mismo,
sino pensar correctamente de uno mismo. El corazón
humilde no dice: "No puedo hacer nada". Sino más bien:
"No puedo hacer todo. Sé cual es mi parte y soy feliz por
hacerla".

Por eso, de la manera que recibieron a Cristo
Jesús como Señor, vivan ahora en él.
COLOSENSES 2:6

Luchar con las dificultades de la vida nos hace un poco más sabios, un poco más capaces, y nos habilita para consolar a otros que experimentan dolor.

Cualquier dificultad que enfrentemos en la vida tiene un plazo corto, toda recompensa es eterna. La herencia divina será nuestra recompensa por la fidelidad a nuestro Padre celestial.

Depositen en él toda su ansiedad,
porque él cuida de ustedes.
1 PEDRO 5:7

Puede ser que usted no quiera incomodar a Dios con sus heridas. Después de todo, *Él tiene hambres y pestilencia y guerras, no cuidará de mis pequeñas luchas,* piensa usted.

¿Por qué no deja que Él lo decida? Él cuidó lo suficiente del pago de los impuestos de Pedro como para darle una moneda. Cuidó lo suficiente de la mujer junto el pozo como para responderle.

Vengan a mí todos ustedes que están cansados
y agobiados, y yo les daré descanso.
MATEO 11:28

Vengan a mí...
Las personas llegaron... Le llevaron las cargas de su existencia, y Él no les dio religión, ni doctrina ni sistemas, sino descanso.

Encontraron el ancla que sostenía sus almas sacudidos por la tempestad. Y encontraron que Jesús fue el único hombre que caminó por la Tierra de Dios y afirmó tener la respuesta para las cargas humanas. "*Vengan a mí*".

Porque en medio de ti no está un hombre,
sino estoy yo, el Dios santo.
OSEAS 11:9

Usted puede reclamar valentía debido a las promesas de Dios. ¿Puedo darle algunos ejemplos?

Cuando esté confundido: "*Porque yo sé muy bien los planes que tengo para ustedes —afirma el Señor—, planes de bienestar y no de calamidad*" (Jeremías 20:11).

En esas noches cuando se pregunte dónde está Dios: "*Porque en medio de ti no está un hombre, sino estoy yo, el Dios santo*" (Óseas 11:9).

Examíname, oh Dios, y sondea mi corazón
(...) guíame por el camino eterno.
SALMO 139:23-24

Usted no debe ser como el mundo para causar impacto en el mundo. No debe ser como la multitud para cambiar a la multitud. No debe rebajarse al nivel de ellos para levantarlos a su nivel. La santidad no busca ser original.

La santidad busca ser como Dios.

> *No dejemos que la vanidad nos lleve a*
> *irritarnos y a envidiarnos unos a otros.*
> GÁLATAS 5:26

Hay ciertas cosas que usted puede hacer, que ningún otro podría llevar a cabo. Quizás sea pintar o construir casas, o estimular al desalentado. Hay cosas que *solo* usted puede hacer, y está vivo para hacerlas.

En la gran orquesta llamada vida, usted tiene un instrumento y una canción, y usted le debe a Dios hacer sonar a ambos en forma sublime.

He optado por el camino de la fidelidad,
he escogido tus juicios.
SALMO 119: 30

Piense al respecto. Hay muchas cosas en la vida que no podemos elegir. Por ejemplo, no podemos elegir el clima. No podemos elegir controlar la economía. No podemos elegir nacer o no con una gran nariz u ojos azules o con mucho o poco cabello.

Pero podemos elegir dónde pasar la eternidad. Una gran elección. Dios nos la deja a nosotros.

Señálame el camino que debo seguir,
porque a ti elevo mi alma.
SALMO 143:8

Si Dios la ha llamado para ser Marta, ¡entonces sirva! Recuérdenos al resto que dar de comer a los pobres es evangelismo y que alimentar al enfermo es adoración.

Si Dios la ha llamado a ser María, ¡entonces adore! Recuérdenos que no debemos estar ocupados para ser santos. Anímenos con su ejemplo a dejar nuestros portapapeles y megáfonos y a estar quietos en adoración.

Eviten toda conversación obscena. Por el contrario,
que sus palabras contribuyan a la necesaria edificación
y sean de bendición para quienes la escuchan.
EFESIOS 4:29

Con sus palabras usted posee la habilidad de hacer que una persona sea fortalecida. Sus palabras son para su alma como la vitamina para su cuerpo.

No deje de estimular a los desalentados. ¡No deje de afirmar a los derribados! Pronuncie palabras que fortalezcan a las personas. Crea en ellas como Dios ha creído en usted.

Esfuérzate por presentarte a Dios aprobado, como
obrero que no tiene de qué avergonzarse y que
interpreta rectamente la palabra de verdad.
2 TIMOTEO 2:15

Timoteo nunca tuvo otro maestro como Pablo. El mundo nunca tuvo otro maestro como Pablo. Pablo estaba convencido de dos hechos: una vez estuvo perdido, pero luego fue salvo. Pasó toda la vida contándoselo a todas las personas que quisieran escucharlo.

Al final le costó todo. Porque al final, todo lo que tenía era su fe. Pero su fe fue todo lo que necesitó.

Él mismo, en su cuerpo, llevó al madero nuestros pecados.
1 PEDRO 2:24

En un acto que quebró el corazón del Padre, que honró la santidad del cielo, el juicio que purgaba el pecado cayó sobre el Hijo de las edades, quien carecía de pecado.

Y el cielo le dio a la Tierra el regalo más fino. El Cordero de Dios que quita el pecado del mundo.

"¿Dios mío, Dios mío, por qué me has abandonado?" ¿Por qué gritó Cristo tales palabras? Para que usted nunca tenga que hacerlo.

Temer al Señor: ¡eso es sabiduría!
JOB 28:28

L a ambición es esa impureza del alma que crea el desencanto con lo ordinario y pone la osadía en sueños.

Pero si no se la examina se convierte en una adicción insaciable por el poder y el prestigio, en hambre rugiente por el logro que devora gente como el león devora un animal, dejando atrás solo los remanentes esqueléticos de las relaciones...

Dios no lo tolerará.

No juzguen a nadie para que nadie los juzgue a ustedes.
MATEO 7:1

Antes que ver al hombre ciego de nacimiento como una oportunidad para la discusión, Jesús lo vio como una oportunidad para Dios. ¿Por qué era ciego? *"Para que la obra de Dios se hiciera evidente"* (Juan 9:3).

¡Qué perspectiva! El hombre no era una víctima del destino; era un milagro a suceder. Jesús no le puso etiqueta. Lo ayudó. Jesús estaba más preocupado por el futuro que por el pasado.

Dando testimonio de su grandeza.
2 PEDRO 1:16

Dios se acercó. Para ser visto.

Y aquellos que lo vieron nunca fueron los mismos. "*Vimos su gloria*" exclamó uno de sus seguidores. "*Dando testimonio de su grandeza*", susurró un mártir...

La cristiandad, en su forma más pura, no es nada más que ver a Jesús. El servicio cristiano, en su forma más pura, no es nada más que imitar al que vemos.

Habla, Señor, que tu siervo escucha.
1 SAMUEL 3:9

Esperamos que Dios nos hable por medio de la paz, pero a veces nos habla por medio del dolor...

Pensamos que lo escuchamos al salir el Sol, pero también se escucha en la oscuridad.

Lo escuchamos en el triunfo, pero habla más distintivamente aún en la tragedia.

Yo soy el Dios de tu padre Abraham,
No temas, que yo estoy contigo.
GÉNESIS 26:24

La esperanza no es lo que usted espera, es lo que usted nunca soñaría... Es Abraham ajustando sus bifocales de modo que pueda ver no a su nieto, sino a su hijo...

La esperanza no es un deseo concedido o un favor realizado; no, es mucho más grande que eso. Es una dependencia estrafalaria, impredecible en Dios quien nos ama hasta sacarnos de nuestros cabales, y estar allí en la carne para ver nuestra reacción.

NOVIEMBRE

*El amor de Dios
nunca cesa.*

"Yo los he amado", dice el Señor.
MALAQUÍAS 1:2

Padre, tu amor nunca cesa. Nunca. Aunque nosotros te despreciáramos, te ignoráramos, te desobedeciéramos, tú no cambias. Nuestra maldad no puede disminuir tu amor. Nuestra bondad no puede incrementarlo. Nuestra fe no lo valora más de lo que nuestra estupidez lo pone en riesgo. Tú no nos amas menos si fallamos. Tú no nos ama más si tenemos éxito.

Tu amor nunca cesa.

Yo he venido para que tengan vida,
y la tengan en abundancia.
JUAN 10:10

Jesús no es un Mesías mediocre. Su historia fue extraordinaria. Se denominó a sí mismo divino; no obstante, permitió que un soldado romano de salario mínimo pusiera el clavo en su muñeca. Él demanda pureza; sin embargo, estuvo a favor de una prostituta arrepentida. Llamó a los hombres a marchar; sin embargo, no les permitió llamarlo rey. Envió a los hombres a todo el mundo; no obstante, los equipó solo con rodillas dispuestas a doblarse y recuerdos de un carpintero resucitado.

Pero ustedes son linaje escogido, real sacerdocio,
nación santa, pueblo que pertenece a Dios, para
que proclamen las obras maravillosas de aquel que
los llamó de las tinieblas a su luz admirable.
1 PEDRO 2:9

La ira descontrolada no hará que nuestro mundo sea mejor, pero la comprensión compasiva lo hará. Una vez que vimos el mundo y nos vimos nosotros tal como somos, podemos ayudar. Una vez que nos comprendemos comenzamos a operar, no desde la postura de la ira, sino de la compasión y la preocupación. No miramos el mundo con ceños amargados, sino con manos extendidas. Nos damos cuenta que las luces están apagadas y mucha gente tambalea en las tinieblas. De modo que encendamos las velas.

*Créanme que se ajustará la ropa, hará que los siervos
se sienten a la mesa, y él mismo se pondrá a servirles.*
LUCAS 12:37

El corazón humilde honra a otros.
Nuevamente, ¿no es Jesús un ejemplo? Satisfecho por
ser conocido como carpintero. Feliz de ser confundido con
el jardinero. Sirvió a sus seguidores lavando sus pies. Y nos
sirve a nosotros haciendo lo mismo. Cada mañana nos re-
gala su belleza. Cada domingo nos llama a su mesa. Cada
momento vive en nuestro corazón... Si Jesús está tan dispuesto a honrarnos, ¿no podemos hacer nosotros lo mismo
por otros?

El que cree en mí vivirá, aunque muera; y todo
el que vive y cree en mí no morirá jamás.
JUAN 11:25

Murmurar no es descreer. Los ojos inundados no representan un corazón sin fe. Una persona puede entrar al cementerio segura del Jesús de la vida después de la muerte, y tener todavía el cráter de las Torres Gemelas en el corazón. Cristo lo hizo. Lloró, ¡y sabía que faltaban diez minutos para ver a Lázaro vivo!

Y sus lágrimas le otorgan a usted el permiso de derramar las suyas... De modo que aflíjase, pero no se aflija como los que no saben el resto de la historia.

En el Señor hallo refugio.
SALMO 11:1

He notado que los que sirven a Dios más alegremente son los que lo conocen mejor personalmente. Los más veloces para hablar de Jesús son los que se dan cuenta cuán grande ha sido su propia redención.

Dios es un Amigo exaltado, un Padre santo, un Rey elevado. ¿Cómo nos acercamos a Él? ¿Como rey, como padre o como amigo? La respuesta: "¡Sí!"

Porque por gracia ustedes han sido salvados mediante la fe; esto no procede de ustedes, sino que es regalo de Dios.
EFESIOS 2:8

Con sus manos horadadas, Jesús creó la pastura para el alma. Arrancó la maleza espinosa de la condenación. Desató las ligaduras de los grandes cantos rodados del pecado. En su lugar plantó las semillas de la gracia y cavó estanques de misericordia.

Y nos invita a descansar allí. ¿Puede imaginarse la satisfacción del corazón del pastor cuando, con la obra completa, ve a sus ovejas descansar en los pastos tiernos?

*Y si es por gracia, ya no es por obras; porque
en tal caso la gracia ya no sería gracia.*
ROMANOS 11:6

¿A quién le ofrece Dios su regalo? ¿A los más brillantes? ¿A los más hermosos o a los más atractivos? No. Su regalo es para todos nosotros, mendigos y banqueros, clérigos y empleados, jueces y porteros. Todos hijos de Dios.

Y Él nos ama con tanta vehemencia, que nos tomará en cualquier condición, "como si" leyera nuestra condición en la etiqueta de nuestros cuellos...

Él nos ama *ahora*.

"Viviré con ellos y caminaré entre ellos. Yo seré su Dios, y ellos serán mi pueblo".
2 CORINTIOS 6:16

Aquellos que vieron a Jesús —que realmente lo vieron— supieron que había algo diferente. A su toque los ciegos mendigos vieron. A su orden los cojos caminaron. A su abrazo las vidas vacías se llenaron con la visión.

Alimentó a miles con una canasta. Calmó la tormenta con una orden. Levantó a los muertos con una declaración. Cambió vidas con un pedido.

De aquel que cree en mí, como dice la
Escritura, brotarán ríos de agua viva.
JUAN 7:38

¿Recuerda las palabras de Jesús a la mujer samaritana? *"Pero el que beba del agua que yo le daré, no volverá a tener sed jamás, sino que dentro de él esa agua se convertirá en un manantial del que brotará vida eterna"* (Juan 4:14).

Jesús no ofrece un simple vaso de agua, sino ¡un pozo artesiano perpetuo! Y el pozo no es un agujero en el patio del fondo de su casa, sino el Espíritu Santo de Dios en su corazón.

Nuestra vieja naturaleza fue crucificada con él para
que nuestro cuerpo pecaminoso perdiera su poder.
ROMANOS 6:6

Piense en ello de esta manera. El pecado lo encarcela. El pecado lo encierra detrás de los barrotes de la culpa, la vergüenza, la decepción y el temor. El pecado no hizo nada sino engrillarlo a la pared de la miseria. Entonces Jesús llegó y pagó la fianza. Donó su tiempo; satisfizo la pena y lo hizo libre. Cristo murió, y cuando usted tuvo parte con Él, su vieja naturaleza también murió.

Cuando Jesús murió, usted murió al reclamo del pecado en su vida. Usted es libre.

Porque él me vistió con ropas de salvación y
me cubrió con el manto de la justicia.
ISAÍAS 61:10

¿Se ha sentido ignorado alguna vez? Las ropas y los estilos nuevos pueden ayudarlo por un tiempo. Pero si usted quiere un cambio permanente, aprenda a verse como Dios lo ve: *"Porque él me vistió con ropas de salvación y me cubrió con el manto de la justicia. Soy semejante a un novio que luce su diadema, o una novia adornada con sus joyas"* (Isaías 61:10).

Permita que el amor de Dios cambie la forma de mirarse a sí mismo.

Los purificaré de todas las iniquidades
que cometieron contra mí.
JEREMÍAS 33:8

La próxima vez que vea o piense en el que rompió su corazón, mire dos veces. Mientras mira el rostro de esa persona, busque también el rostro de Jesús, el rostro de Aquel que lo perdonó. Mire a los ojos del Rey que lloró cuando usted pidió misericordia. Mire el rostro del Padre que le dio la gracia cuando ningún otro le dio la oportunidad...

Y entonces, dado que Dios lo ha perdonado más de lo que se le pedirá alguna vez que perdone a otro, deje libre a su enemigo y libérese.

Ninguna mente humana ha concebido lo que
Dios ha preparado para quienes lo aman.
1 CORINTIOS 2:9

Lo que usted imagine es insuficiente. Lo que cualquiera imagine es insuficiente. Nadie se ha acercado. Nadie. Piense en todas las canciones acerca del cielo. Todos los retratos de los artistas. Todas las lecciones predicadas, los poemas escritos y los capítulos bosquejados.

Cuando llega el momento de describir el cielo, todos somos felices fracasos.

En tu angustia me llamaste, y te libré;
oculto en el nubarrón te respondí.
SALMO 81:7

Dios es tan creativo como implacable. La misma mano que envió el maná a Israel, envió a Uza a la muerte. La misma mano que hizo libres a los hijos de Israel, también los envió cautivos a Babilonia. Tanto amable como severo. Tierno y duro. Fielmente firme. Pacientemente urgente. Ansiosamente tolerante.

Grita suavemente. Truena amablemente.

Ésta es la verdadera gracia de Dios.
Manténgase firmes en ella.
1 PEDRO 5:12

Sobre una colina andamos con dificultad. Con el corazón cansado, herido, luchamos a brazo partido con los errores no resueltos. Suspiros de ansiedad. Lágrimas de frustración. Palabras de raciocinio. Lamentos de duda...

Jesús se para sobre la colina más estéril de la vida y espera con manos extendidas, horadadas por los clavos. Ha sido llamada una "loca, gracia santa". Un tipo de gracia no sostenida por la lógica. Pero entonces... la gracia no debe ser lógica. Si lo fuera, no sería gracia.

Ustedes son (...) pueblo que pertenece a Dios.
1 PEDRO 2:9

Dios lo ama simplemente porque Él ha elegido hacerlo así.

Él lo ama cuando usted no se siente amado.

Él lo ama cuando ningún otro lo ama.

Otros pueden abandonarlo, divorciarse e ignorarlo, pero Dios lo amará. Siempre. Pase lo que pase.

Servir al pobre es hacerle un préstamo al
Señor; Dios pagará esas buenas acciones.
PROVERBIOS 19:17

Cuando usted le lleva alimento al pobre, es un acto de adoración. Cuando le da una palabra de amabilidad a alguien que la necesita, es un acto de adoración. Cuando le escribe a alguien una carta para estimularlo o se sienta y abre su Biblia para enseñarle, es un acto de adoración.

Fiel es el Señor a su palabra y
bondadoso en todas sus obras.
SALMO 145:13

Dios nunca abandona.

Cuando Moisés dijo: "Heme aquí, envía a Aarón", Dios no lo abandonó... Cuando Pedro lo adoró en la cena y lo maldijo en el fuego, no lo abandonó...

Así que, la próxima vez que la duda surja en su vida, recuerde la cruz donde la promesa está escrita con sangre santa: "Dios abandonó a su único Hijo antes que abandonarlo a usted".

*En verdes pastos me hace descansar. Junto
a tranquilas aguas me conduce.*
SALMO 23:2

Note los dos pronombres implícitos que preceden a los
dos verbos. *Él* me hace... *Él* me conduce...

¿Quién está a cargo? El Pastor. El Pastor selecciona la
senda y prepara la pastura. La labor de las ovejas –nuestra
labor– es mirar al Pastor.

*Ahora bien, sabemos que Dios dispone todas
las cosas para el bien de quienes lo aman.*
ROMANOS 8:28

¿*T*odas? Todas. Los discípulos con corazón de gallina. La decisión final de Judas. El costado horadado. Los débiles fariseos. Un Sumo Sacerdote duro de corazón. Dios obró en todo. Lo desafío a encontrar un elemento en la cruz que no haya sido manejado por Él para bien, o reciclado para el simbolismo. Permita que pase. Pienso que encontrará lo que yo encontré; todo detalle oscuro fue ciertamente un momento de oro en la causa de Cristo.

¿Puede Él hacer lo mismo por usted?

*Esta es la obra de Dios: que crean
en aquel a quien él envió.*
JUAN 6:29

"¿**Q**ué tenemos que hacer para realizar las obras que Dios exige?" (Juan 6:28). ¿Cuál es la obra que quiere que hagamos? ¿Orar más? ¿Dar más? ¿Estudiar? ¿Viajar?

¿Cuál es la obra que Él busca? Solo creer. Creer en Aquél que envió. *"La obra de Dios: que crean en aquel a quien él envió".*

Mira que estoy a la puerta y llamo.
APOCALIPSIS 3:20

Jesús siempre golpea antes de entrar.
No debiera hacerlo. Él posee su corazón.
Si alguien tiene derecho a empujar, es Cristo.
Pero no lo hace.
¿Esa palmadita suave que escucha?
Es Cristo.

Por eso Cristo es mediador de un nuevo pacto.
HEBREOS 9:15

No había nada inferior respecto a la religión judía. Fue dada por Dios y diseñada por Dios. Cada principio, regla y ritual tiene riqueza en su significado. El Antiguo Testamento sirvió como guía fiel para miles de personas durante miles de años. Fue lo mejor que se le ofreció al hombre.

Pero cuando Cristo vino, lo mejor fue mejorado. No es que la ley antigua fuese mala, sino que la nueva ley –la salvación por fe en Cristo–, es mejor.

*Con tus manos me creaste, me diste forma. Dame
entendimiento para aprender tus mandamientos.*
SALMO 119:73

Dios lo ha dotado de talentos. Él ha hecho lo mismo por
su vecino. Si usted está preocupado por los talentos de
su vecino, ignorará los suyos.

Pero si usted se preocupa por sus talentos, puede inspirarse e inspirar a su vecino.

Por el contrario, se rebajó voluntariamente,
tomando la naturaleza de siervo.
FILIPENSES 2:7

Ir de vacaciones. No es fácil. ¿Por qué lo hacemos, entonces? ¿Por qué preparar el equipaje y soportar los aero-
puertos? Usted sabe la respuesta. Amamos estar con los que
amamos.

¿Puedo recordárselo? Dios lo hace... Entre Él y nosotros había una distancia, una gran distancia. Y Él no pudo
soportarlo. No pudo dejarlo así. De modo que hizo algo al
respecto. *"Quien, siendo por naturaleza Dios, no consideró el ser*
igual a Dios como algo a que aferrarse" (Filipenses 2:6).

Dejó su lugar y se negó a sí mismo.

Yo les perdonaré sus iniquidades, y nunca
más me acordaré de sus pecados.
HEBREOS 8:12

¡Ah! *Esa* es una promesa notable. Dios no solo perdona, olvida. Él borra la pizarra. Destruye la evidencia. Quema el microfilme. Borra la computadora.

Él no recuerda mis errores. De entre todas las cosas que hace realmente, esta es una que rechaza hacer.

Rechaza guardar la lista de mis errores.

Si supieras lo que Dios puede dar.
JUAN 4:10

Cuando Jesús lavó los pies de sus discípulos, lavó los nuestros; cuando calmó las tormentas, calmó las nuestras;
cuando perdonó a Pedro, perdonó a todos los penitentes...

Él no ha cambiado...

El regalo y el Dador. Si los conoce a ellos, usted conoce
todo lo que necesita conocer.

¡Verdaderamente éste era el Hijo de Dios!
MATEO 27:54

Las seis horas de un viernes... ¿Qué significan esas seis horas?

Para la vida ennegrecida por el fracaso, ese viernes significa perdón.

Para el corazón herido por la frivolidad, ese viernes significa propósito.

Y para el alma que mira este lado del túnel de la muerte, ese viernes significa liberación.

*En él tenemos la redención mediante su
sangre, el perdón de nuestros pecados.*
EFESIOS 1:7

La sangre de Cristo no cubre sus pecados, no los cancela, no los pospone, ni los disminuye. La sangre de Cristo quita sus pecados, una vez y para siempre.

Jesús permite que nuestros errores se pierdan en su perfección.

DICIEMBRE

Dios se acerca.

*Porque no tenemos un sumo sacerdote incapaz
de compadecerse de nuestras debilidades.*
HEBREOS 4:15

Cuando Dios eligió revelarse, lo hizo –sorpresa de las sorpresas– por medio de un cuerpo humano. La lengua que llamó a los muertos era humana. La mano que tocó al leproso tenía suciedad bajo las uñas. Los pies sobre los cuales la mujer lloró estaban callosos y tenían polvo. Y sus lágrimas... oh, no pierda las lágrimas... ellas provenían de un corazón tan quebrantado como nunca han estado el suyo y el mío.

Con tus manos me creaste, me diste forma. Dame
entendimiento para aprender tus mandamientos.
SALMO 119:73

Escuche atentamente. El amor de Jesús no depende de lo que hagamos para Él. En absoluto. A los ojos del Rey, usted tiene valor simplemente porque existe. No tiene que ser lindo o funcionar bien. Su valor es innato.

Usted es valioso. No por lo que haga o por lo que haya hecho, sino simplemente porque usted existe. Recuerde eso.

Y se llamará su nombre (...) Príncipe de Paz.
ISAÍAS 9:6, RVR

El cielo se abrió y colocó al más precioso ser humano en un vientre.

El omnipotente, en un instante, se hizo frágil. El que había sido espíritu se hizo penetrable. El que era más grande que el universo se convirtió en un embrión. Y el que sustenta el mundo con la palabra eligió depender de la alimentación de una joven.

Dios se había acercado.

No hagan nada por egoísmo o por vanidad.
FILIPENSES 2:3

La palabra para *egoísmo* tiene la misma raíz que las palabras *contienda* y *contencioso*. Sugiere una autopreocupación que hiere a otros. El egoísmo es una obsesión por sí mismo que excluye a otros, hiere a todos.

Ocuparse de sus intereses personales es dirigir la vida apropiadamente. Hacer eso excluyendo al resto del mundo, es egoísmo.

Tú eres mi Dios (...) guíame por un terreno sin obstáculos.
SALMO 143:10

¿Puede imaginar el resultado si un padre honra cada pedido de cada uno de sus hijos durante un viaje? Iríamos despacio con nuestros vientres hinchados de una heladería a otra...

¿Puede imaginarse el caos si Dios complaciera cada uno de nuestros pedidos?

Porque yo sé muy bien los planes que tengo para ustedes
-afirma el Señor-, planes de bienestar y no de calamidad.
JEREMÍAS 29:11

Tenemos un Padre que está lleno de compasión, el sentimiento de un Padre que se duele cuando sus hijos son heridos. Servimos a un Dios quien dice que incluso cuando estamos bajo presión y sentimos que nada saldrá bien, nos espera para abrazarnos, ya sea que tengamos éxito o fracasemos...

Él entra en nuestro corazón como manso cordero, no como león rugiente.

Dios ha manifestado a toda la humanidad
su gracia, la cual trae salvación.
TITO 2:11

Cuando los momentos pasan, ese no parece distinto a cualquier otro... Llegó y pasó. Fue uno de los incontables momentos que han marcado el tiempo desde que la eternidad se hizo mensurable.

Pero en realidad, ese momento particular no fue como ningún otro. Porque por medio de ese segmento de tiempo ocurrió algo espectacular. Dios se hizo hombre. Mientras las criaturas de la Tierra caminaban inconscientes, la Divinidad llegó.

Dios (...) da gracia a los humildes.
1 PEDRO 5:5

El apóstol Pablo fue salvo por medio de la visita personal de Jesús. Fue llevado al tercer cielo y tenía la capacidad de levantar a los muertos. Pero cuando se presentó a sí mismo no mencionó ninguna de esas cosas. Simplemente dijo: "*Pablo, siervo de Dios*" (Tito 1:1).

Dios ama la humildad.

Tu protección me envuelve por completo;
me cubres con la palma de tu mano.
SALMO 139:5

Con tantos testimonios milagrosos a nuestro alrededor, nos preguntamos: ¿cómo podemos escapar de Dios? Pero de alguna manera lo hacemos. Vivimos en la galería de arte de la creatividad divina y, no obstante, estamos contentos con solo mirar fijamente la alfombra.

La próxima vez que escuche a su bebé reír o mirar una ola del océano, tome nota. Deténgase y escuche cómo Su Majestad susurra muy suavemente: "Estoy aquí".

Porque el Señor es bueno y su gran amor es
eterno; su fidelidad permanece para siempre.
SALMO 100:5

Jesús murió con un propósito. Ninguna sorpresa. Ninguna duda. Ningún error...

El viaje hacia la cruz no comenzó en Jericó. No comenzó en Galilea. No comenzó en Nazaret. No comenzó en Belén. El viaje a la cruz comenzó mucho antes. Cuando el eco del crujido de la fruta todavía sonaba en el jardín del Edén, Jesús partía para el Calvario.

Se hablará del esplendor de tu gloria y majestad,
y yo meditaré en tus obras maravillosas.
SALMO 145:5

¿Ha pasado mucho tiempo desde que contempló los cielos con mudo asombro? ¿Ha pasado mucho tiempo desde que se dio cuenta de la divinidad de Dios?

Si ha sido así, entonces necesita saber algo. Él todavía está allí. No se ha ido. Debajo de todos esos papeles y libros, e informes y años. En medio de todas esas voces y rostros y recuerdos y retratos, Él todavía está allí.

No todos moriremos, pero todos seremos
transformados, en un instante, en un abrir y
cerrar de ojos, al toque final de la trompeta.
1 CORINTIOS 15:51-52

Cuando Jesús regresó a su hogar dejó abierta la puerta trasera. Como resultado, *"todos seremos transformados, en un instante, en un abrir y cerrar de ojos".*

El primer momento de la transformación pasó inadvertido para el mundo. Pero usted puede estar seguro que la segunda vez no será así. La próxima vez usa la frase *"un instante"*; recuerde que es todo el tiempo que llevará cambiar este mundo.

Engrandezcan al Señor conmigo;
exaltemos a una su nombre.
SALMO 34:3

La adoración es el acto de magnificar a Dios. Es ensanchar nuestra visión del Señor. Es entrar a la cabina del piloto para ver dónde se sienta y observar cómo trabaja. Por supuesto, su tamaño no cambia, pero nuestra percepción de Dios sí. Cuando nos acercamos, Él parece más grande.

¿No es eso lo que necesitamos? ¿Una *gran* visión de Dios?

Estábamos (...) dando testimonio de su grandeza.
2 PEDRO 1:16

¿Ha visto usted a Jesús? Los que lo hicieron por primera vez nunca fueron los mismos.

"*¡Señor mío y Dios mío!*" gritó Tomás. "*He visto al Señor*", exclamó María Magdalena.

"*Hemos visto su gloria*", declaró Juan.

Pero Pedro lo dijo mejor: "*Dando testimonio de su grandeza*".

Pues Dios produce en ustedes tanto el querer como
el hacer para que se cumpla su buena voluntad.
FILIPENSES 2:13

Como resultado de ser salvos, ¿qué hacemos? Obedecemos a Dios con profunda reverencia y nos alejamos de todo lo que pueda desagradarle. Dicho en forma práctica, amamos a nuestro vecino y refrenamos la chismografía. Rechazamos hacer trampas sobre impuestos y esposos, y hacemos todo lo posible por amar a la gente aunque se resista. ¿Hacemos esto para ser salvos? No. Estas son las cosas buenas que resultan de ser salvos.

¡Gloria a Dios en las alturas!
LUCAS 2:14

Para los pastores no era suficiente ver a los ángeles. Usted pensará que debía haber sido suficiente. El cielo de la noche estallaba de luz. El silencio se llenó de canciones. Simples pastores se despertaron de su sueño y se pusieron de pie ante el coro de los ángeles: "*¡Gloria a Dios en las alturas!*" Esos hombres nunca habían visto tal esplendor.

Pero no era suficiente ver a los ángeles. Los pastores querían ver a Aquel que envió a los ángeles.

Y nosotros hemos llegado a saber y
a creer que Dios nos ama.
1 JUAN 4:16

El secreto de amar es vivir amando.
¿Chocar con cierta gente le hace frágil, quebradizo, e infructuoso? Si es así, su amor puede germinar en terreno equivocado. Puede estar enraizado en el amor de ellos –el que es inconstante– o en su resolución de amar –lo que es frágil–. Juan nos insta a *"creer que Dios nos ama"* (1 Juan 4:16), a responder al amor que *Dios* tiene por nosotros.

Él es la única fuente de poder.

Las obras de sus manos son fieles y justas; todos
sus preceptos son dignos de confianza.
SALMO 111:7

No se insinúa que alguna persona tuviera miedo de acercarse a Jesús. Estaban los que se burlaron. Estaban los que lo envidiaban. Estaban los que lo malinterpretaron. Estaban los que lo reverenciaron. Pero no hubo una sola persona que lo considerara demasiado santo, demasiado divino o demasiado celestial para tocarlo.

No hubo una sola persona que fuese renuente a acercarse a Él por temor a ser rechazado.

Yo he venido para que tengan vida,
y la tengan en abundancia.
JUAN 10:10

Una noche común con ovejas comunes y pastores comunes. Y si no fuera porque Dios ama poner un "extra" frente a lo común, la noche hubiese pasado inadvertida. Las ovejas hubiesen sido olvidadas y los pastores hubiesen pasado la noche afuera.

Pero Dios danza en medio de lo común. Y esa noche bailó un vals... La noche ya no fue más común.

El gran amor de Dios nunca se acaba.
LAMENTACIONES 3:22

Nuestro Dios no está distante, no está tan distante sobre nosotros como para no poder ver y comprender nuestros problemas. Jesús no es un Dios que permanece en la cima de la montaña; es el Salvador que descendió y vivió y obró con el pueblo. A todas partes donde fue, la multitud lo siguió, reunidos por ese imán que era –y es– el Salvador.

La vida de Jesucristo es un mensaje de esperanza.

Les aseguro que si tienen fe tan pequeña como un
grano de mostaza, podrán decirle a esta montaña:
"Trasládate de aquí para allá", y se trasladará.
MATEO 17:20

No mida el tamaño de la montaña, hable de Aquel que puede moverla. En lugar de transportar el mundo sobre sus hombros, hable de Aquel que sostiene el universo sobre sí mismo.

La esperanza es una mirada hacia afuera.

Dichosos los que saben aclamarte (...) Señor,
y caminan a la luz de tu presencia.
SALMO 89:15

Jesús no encajaba en la noción judía del Mesías y por eso, en lugar de cambiar su noción, lo rechazaron.

Ellos esperaban las luces, los reyes y los carros del cielo. Lo que tuvieron fueron las sandalias, los sermones y el acento galileo.

Y por eso algunos lo ignoraron. Y por eso, algunos lo ignoran todavía.

Ni lo alto ni lo profundo (...) ni cosa alguna en toda
la creación, podrá apartarnos del amor de Dios.
ROMANOS 8:39

Incluso después de que generaciones escupieron su rostro, Dios los amó. Después que una nación de elegidos lo
desnudó por completo y rasgó su carne encarnada, todavía
murió por ellos. E incluso hoy, después que billones eligie-
ron prostituirse delante de los alcahuetes del poder, la fama
y la riqueza, Él todavía los espera...

Solo Dios pudo amar así.

Él (...) te cubre de amor y compasión.
SALMO 103:4

Es hora de permitir que el amor de Dios cubra todas las cosas en su vida. Todos los secretos. Todas las heridas. Todas la horas de maldad, los minutos de temor.

Descubra junto al salmista: *"Él (...) te cubre de amor y compasión"*. Imagine un volquete gigantesco lleno de amor. Usted está allí detrás de él. Dios levanta el fondo hasta que el amor comienza a deslizarse. Lentamente al principio, luego desciende, desciende, desciende hasta que usted esté escondido, enterrado y cubierto con su amor.

*Así que dio a luz a su hijo primogénito. Lo
envolvió en pañales y lo acostó en un pesebre.*
LUCAS 2:7

El nacimiento virginal es más, mucho más, que la historia de Navidad, es una ilustración de lo cerca que estará Cristo de usted. La primera parada de su itinerario fue un vientre. ¿Dónde iría Dios para tocar al mundo? Mire profundamente dentro de María para encontrar la respuesta.

Mejor aún, mire profundamente dentro de usted. ¡Él nos ofrece lo que hizo con María! Publica una invitación al nivel de María para todos sus hijos: "Si me lo permiten, ¡me mudo dentro de ustedes!"

Su reino no tendrá fin.
LUCAS 1:33

María sabía de alguna manera que acunaba a Dios. Entonces este es Él. Ella recordaba las palabras del ángel: "*Su reino no tendrá fin*".

Él se parecía a todo menos a un rey. Su rostro era frágil. Su llanto, aunque fuerte y sano, era todavía el llanto indefenso y penetrante de un bebé. Absolutamente dependiente de María para su bienestar.

La Majestad en medio de lo mundano.

Éste fue entregado según el determinado propósito y
el previo conocimiento de Dios; y por medio de gente
malvada, ustedes lo mataron, clavándolo en la cruz.

HECHOS 2:23

L a cruz no fue una trágica sorpresa. El Calvario no fue una respuesta improvisada a un mundo que caía hacia su destrucción. No era un trabajo temporal o una medida sustituta...

En el momento en que la fruta prohibida tocó los labios de Eva, la sombra de la cruz apareció en el horizonte. Y entre ese momento y el momento en que el hombre con el martillo colocó el clavo en la muñeca de Dios, el plan maestro fue cumplido.

Cuando contemplo tus cielos, obra de tus dedos,
la luna y las estrellas que allí fijaste.
SALMO 8:3

Servimos al Dios que diseñó el universo y puso nuestro mundo en movimiento. Pero esas manos que fijaron las estrellas en los cielos, también secaron las lágrimas de la viuda y del leproso.

Y secan tus lágrimas también.

*Amados, edificándoos sobre vuestra santísima fe, orando
en el Espíritu Santo, conservaos en el amor de Dios.*
JUDAS 20, RVR

Imagine considerar cada momento como un tiempo potencial de comunión con Dios. Para el momento que termine su vida, usted habrá pasado seis meses en los semáforos, ocho meses abriendo correos electrónicos de propaganda, un año y medio buscando cosas perdidas... y cinco años enormes parados en varias sendas peatonales.

¿Por qué no le brinda esos momentos a Dios?

Y en la casa del Señor habitaré para siempre.
SALMO 23:6

Cuando David dijo "*En la casa del Señor habitaré para siempre*", estaba diciendo simplemente, que nunca se apartaría de Dios. Pedía permanecer en el soplo suave y apacible de la atmósfera, con la certeza de que habitaba en la casa de Dios, dondequiera que estuviera...

Dios quiere ser el único en quien "*vivimos, nos movemos y existimos*" (Hechos 17:28).

Tu palabra es una lámpara a mis pies;
es una luz en mi sendero.
SALMO 119:105

Dios no le permitirá ver la escena distante. De modo que puede dejar de buscarla. Él promete una lámpara para sus pies, no una bola de cristal sobre el futuro. No necesitamos saber qué sucederá mañana. Solo necesitamos saber que Él nos guía y encontraremos su gracia y ayuda cuando lo necesitemos.